して話すことはありました。**でも、本気でそれができるのか、それに人生をかけるほどやりたいのかと自問自答すると、いつも答えはノーでした。**

そのころの僕は、霧が立ち込めた暗闇の中をただただ歩いているような感じでした。歩くうちに、暗闇はやがて薄明かりになったけれど、それでも前がよく見えない。そんな中を一歩一歩と歩き続け、最近になってやっと、なんとなく霧が晴れて行き先が見えてきたように感じます。学生のころから数えて30年、50歳を超えてからのことです。

僕のこれまでは、どちらかといえば悩んだりつらかったりしたことのほうが多かったかもしれません。不安と常に背中合わせだった気がします。それでも僕は、自分の人生は幸せだな、と思い続けてきました。だから、こんなに遠くまで歩いてこられたんだと思うんです。

はじめに

いつも不安で夢もない若者だった僕から、今の時代の若いみなさんへ

いったい自分はなにものなのだろうか
いったい自分はなにができるのだろうか
いったい自分はなにがしたいのだろうか
いったい自分はどんな大人になるのだろうか
いったい自分はどんな人生を歩んでいくのだろうか
いったい……

学生のころの僕は、なにがしたいかも、そして、なにができるかもわかりませんでした。

夢なんてなかったんです。夢や将来の目標を大人に聞かれて、無理やりつくったり

カイシャインの心得

幸せに働くために更新したい大切なこと

サイボウズ
副社長 山田理

大和書房

自分の人生を考えると、前を見ると暗闇でも、後ろを振り返るとはっきりと自分が歩んできた道が見えるんです。そのことには、若いときから無意識のうちに気がついていたように思います。不安になったとき、道に迷ったとき、立ち止まっては後ろを振り返り、自分の歩んできた道をじっと見て、今の自分の姿を確認する。そしてもう一度前を見ると、不思議なことに1メートル先の道がなんとなく見えるようになる。それを繰り返しながら、見通しの悪い道を一歩また一歩と歩いていく。それを続けると、10メートル先、１００メートル先……と、どんどん先の道が見えてくるのです。

暗闇や霧の中で僕がずっと持ち続け、少し先の道を照らしてくれたもの——今思えばそれは、自分自身であり、自分の個性でした。

自分自身というものを頼りに歩き続けて30余年、振り返ると自分の後ろに長い長い道のりが見えるようになりました。それと同時に、これから進みたいと思える長い長い道のりが、自分の前に現れていたんです。これが、人が言う「夢」なんでしょうか。

確信はありませんが、昔は想像することさえもなかった「夢」とよんでよさそうなものが、今、自分の目の前にあるんです。

この機会に、自分が無意識に歩いてきた歩き方をあらためて振り返ってみるつもりです。そして、「自分はいったい何者なのか」「どんな人生を歩んでいくのか」と不安に思っている若いみなさんに、「新しい時代の歩き方」として、なにかを伝えることができればいいなと思ってます。

これからの常識は若いみなさんがつくるもの

みなさんは今、仕事やキャリアについての悩みがあって、それを解決するヒントを求めてこの本を手にとってくれたのかもしれません。

僕はぜひ、そんなみなさんの力になりたい。

でも、この本にはあまり具体的な「やり方」は書いていません。「こうやったら夢は叶う」とか、「頭の固い上司に話をわかってもらうコツ」とか、「倍速で仕事をこなして複業する方法」とか、そういうノウハウはほかで学んでもらうとして、僕が伝えようとしているのは、もっと根本的な考え方のところです。

なんでそれが必要かというと、今はこれまで常識だと思われていたことが逆に非常識になる時代だからです。「こんなん常識やん」「これが普通やろ」と思ってやったことが、まったく必要のないことだったりするのです。

たとえば、「仕事において、人は我慢や成長をすべき」という今までの常識があります。特に若い人は、「経理部の人間なら、これはできるようになってほしい」とか、「キミは資料をつくるのはうまいんだけど、もっとプレゼンのスキルを上げてくれ」とか、常にがんばってステップアップすることを要求されがちです。そのとき、多くの場合は「できないこと」、凹凸でいえば凹のほうを埋めるような成長が期待されます。

でも僕は、「できないこと」ではなく「できること」をベースに自分の仕事を継続していくのが、これからの常識になると思っています。プレゼンが苦手な人はプレゼンの練習に時間を費やすよりも、プレゼンが得意な人を見つけてきて任せ、自分はもともと得意なことにもっと集中すればいい。そのほうが、チームとしてのアウトプットは大きくなるはずです。

若い人なら、僕が言っていることが直感的にわかるのではないでしょうか。そう、親や上司や先輩が言う常識なんて気にせず、今の感覚を信じればいい。これからの常識を新しくつくっていけばいいんですよ。そのほうがきっと、自分もまわりも幸せな働き方ができます。僕がこの本で伝えたいのは、幸せに働いていくための、ベースとなる考え方なのです。

「できないこと」をあきらめたから役に立てた

「できること」をベースにがんばったほうがいいというのは、なんとなくわかる。でも、それって「できる人」に対して言えることでしょ？　仕事に役立つスキルなんてたいしてない自分は、やっぱり「できないこと」を少しでもできるように努力するしかないんじゃないの？

――そんなふうに思う人もいるかもしれませんし、その気持ちもよくわかります。もちろん、すでにまわりから評価されている人は、その評価されているスキルをますます磨けばいい。でも、ここで伝えたいことは、そうじゃない人にも、やっぱりなにか得意なことやできることがあるはずだということです。特に人より抜きん出ている必要はありません。あなたがそれをすることで誰かが「ありがとう」と言ってくれる、それが仕事の基本なんです。

僕がこんなことを言うのは、自分の実体験があるからです。**僕も、人に自慢できるような「できること」は別になくて、「こんな自分でもできること」をベースにここまでやってきたんです。**

新卒で入った会社では、同期よりも評価されるなんてことはあきらめていたし、今の会社でマネジャーをやるようになってからも、完璧なマネジャーになることはあきらめていました。はっきり言って、あきらめてばかりの人生です。それでも、今の僕は幸せです。だから、みなさんにも、無理せずに幸せになれる方法を伝えたいんです。

僕が働き始めたのは１９９２年、まだ平成初期です。

新卒で就職したのは日本興業銀行という銀行でした。そこで8年働いて、設立3年目のサイボウズに転職。それから20年ほど経って、今はサイボウズの副社長と、アメリカの子会社であるサイボウズＵＳＡの社長をやっています。

そもそも僕は大阪外国語大学でペルシア語を専攻していたので、金融や経済の知識なんてありません。面接でもそのことは正直に伝え、一方で、学生時代にテニス部や世界一周で学んだ自分なりの大切にしたいことや個性について一生懸命話していたのを覚えています。それで、「キミ面白いなぁ」ということで、きっとユニーク枠かなんかで採用されたんだと思います。銀行に入ったら案の定、僕みたいなやつは珍しく、「こんなことも知らんのか！」とよく言われました。でも、嘘をついて入ったわけでもないですから、できないことにくよくよ悩まず、そこは「選んだ人にも責任あるやん」くらいに考え、あきらめていました。逆に「こんな自分だからこそできること」を見つけて一生懸命やれば喜んでもらえることもあって、だから8年いられたのでしょう。

特に最後の2年間は刺激的でした。新しいビジネスの種を見つけるというミッションを与えられ、まだ創業したばかりの楽天やサイバーエージェント、ＤｅＮＡ、ホリエモンこと堀江貴文さんが当時経営していた会社など、これから伸びそうなＩＴベンチャーにアプローチしていったのです。**そういう会社は経営者も現場の担当者もみんな若くて、「インターネットが変える未来」について熱く語りながら、すごく楽しそうに仕事をしているわけです。**銀行員は「この会社にお金を貸しても大丈夫か」を考えてリスクを計算しますし、ビジネスの世界では信頼が大事なのでマナーや常識も気になるものです。当時のＩＴベンチャーは経営者もＴシャツにジーンズで、事業計画も詰めが甘かったりして、普通の銀行員ならあまり深入りしないでおこうと考えたかもしれません。僕は自分自身がはみ出し銀行員だったのもあり、リスクやマナーや常識なんかより、夢や情熱や合理性が大事だと思っていました。だから、ＩＴベンチャーの取引先とはとても相性が良かったんです

　そして、そんな彼らの姿を見ていたら、しだいに僕もインターネットの可能性にすごく惹かれていき、もっとワクワクしながら仕事をしたいという気持ちが出てきまし

た。当時は最初の子どもが生まれたばかりで、その子が大きくなったときに「お父さんはおまえを育てるために、我慢して銀行で働き続けたんやぞ」みたいなことは絶対言いたくないなとも思ったんです。

そんなときにサイボウズに出会いました。可能性を感じていたインターネットの事業ということ以上に、３人の創業メンバーがすごく真剣にまっすぐに「ＩＴで世の中を豊かにして社会貢献しよう」と語るのが印象的でした。

僕は、ビジネスって大人の嘘がまかり通るところだと思っていたので、３人の話を聞いてその純粋さにびっくりしたんです。そして、心から「ええやん！」と思いました。創業者の三人には、「自分ははみ出し銀行員であり、金融の知識もほかの銀行員に比べたら自信もないし、ＩＴ業界の知識ももちろんない。だからその点については期待しすぎないでほしい。ただ、人を裏切ったりすることはしないし、社会のために役に立ちたいし、できる限りのことは一生懸命します」と伝えました。僕にとっては、もしうまくいかなくても、この人たちと一緒だったらいい、そう考えて転職を決意しました。創業者の三人も、そんな僕を少なからず信頼してくれたんだと思います。

サイボウズに入ったときはＣＦＯ（最高財務責任者）という肩書がつきました。とはいえ当時の社員は10人くらいで全然人手が足りず、いわゆる管理部門として、開発と営業以外のあらゆることをやりました。銀行はバリバリの年功序列の世界でしたから、8年間働いたくらいでは、マネジメントの経験なんてありません。「僕がマネジャー？　どうやってやるん？」という感じでしたが、銀行員としての8年間の経験とはみ出し銀行員としての個性は、初期のサイボウズで非常に役に立ったと思います。新しいことにチャレンジしようとするサイボウズの一員として、入社後約半年で東証マザーズに上場し、設立四年半で東証二部上場企業になるための準備も経験しました。証券会社や東証、監査法人の方々とぶつかりながらも、その準備ができたのは「なぜこんなことをしないといけないんだろう」と銀行の常識に違和感を持っていた経験があったからだと思います。できないことを無理してやるよりは、できることをがんばっていたから、なんとか続けてこられたのです。

常識が変わる中で働き方を模索し続けてきたサイボウズ

こうやって、僕は平成の初期のころから仕事とともに生きてきました。その30年近くを振り返ると、世の中がめちゃくちゃ変化していることを感じます。なんといっても大きいのは、インターネットの登場です。デジタル・ネイティブ世代の若者にはわからないかもしれませんが、インターネット以前（BI：Before Internet）と以後（AI：After Internet）とでは仕事の仕方がまったく変わったのです。僕が銀行に入ったころなんて、メールといえば手紙のことだったんですから……。ＢＩ時代の常識がＡＩ時代の非常識になるのは、考えてみれば当然ですよね。

サイボウズはインターネット登場の後にできたＩＴの会社です。とはいえ、創業メンバーも僕と同世代で、最初はＢＩの常識で会社を経営しようとしてきました。でも、それだとあまりうまくいかなくて、ある時からＡＩの時代の会社や働き方ってどうあるべきなのか、一生懸命模索してきました。そうしたら、28％もあった離職率が４％未満に下がるほど、会社の雰囲気が変わりました。そして今は、「得意なことをやったらええやん」「できへんことを無理にやらんでもええやん」という考え方が根づき始め、みんなが人に感謝して幸せに働けるような風土が形成されつつあります。

ＢＩ時代の常識を捨てて、ＡＩ時代に合った考え方を自分たちのものにしていく

――サイボウズはその試行錯誤を積み重ねてきました。この十数年、僕はその渦中にどっぷり浸かり、一緒に考え方を変えてきたのです。昭和生まれのオッサンである僕が「大人の常識なんて信じるな」と言えるのは、そういうわけです。

「これまでの常識は非常識」を感じさせる出来事は、令和になっても起きています。

たとえば、僕のツイッターに関するある事件です。

新入社員が副社長にツイッターを教える時代

昨年の６月、僕はツイッターのプロフィール文や画像を変更しました。

変更前のプロフィールについて、サイボウズのマーケティング部に配属された新入社員からダメ出しされたのです。「写真が昭和臭い」とか「学生時代の部活動の情報っていりますか？」とか……。つまりはダサいということですね（笑）

そこで僕は、その新人さんにプロフィールの改善を任せました。その結果、なんと、１２００ちょっとだったフォロワー数が一晩で倍以上になりました。

急にフォロワー数が増えてきたのにびっくりしていると、ほかの若手社員がすかさず「今、おさむさんのアカウントが注目されているからチャンスです。面白いことつ

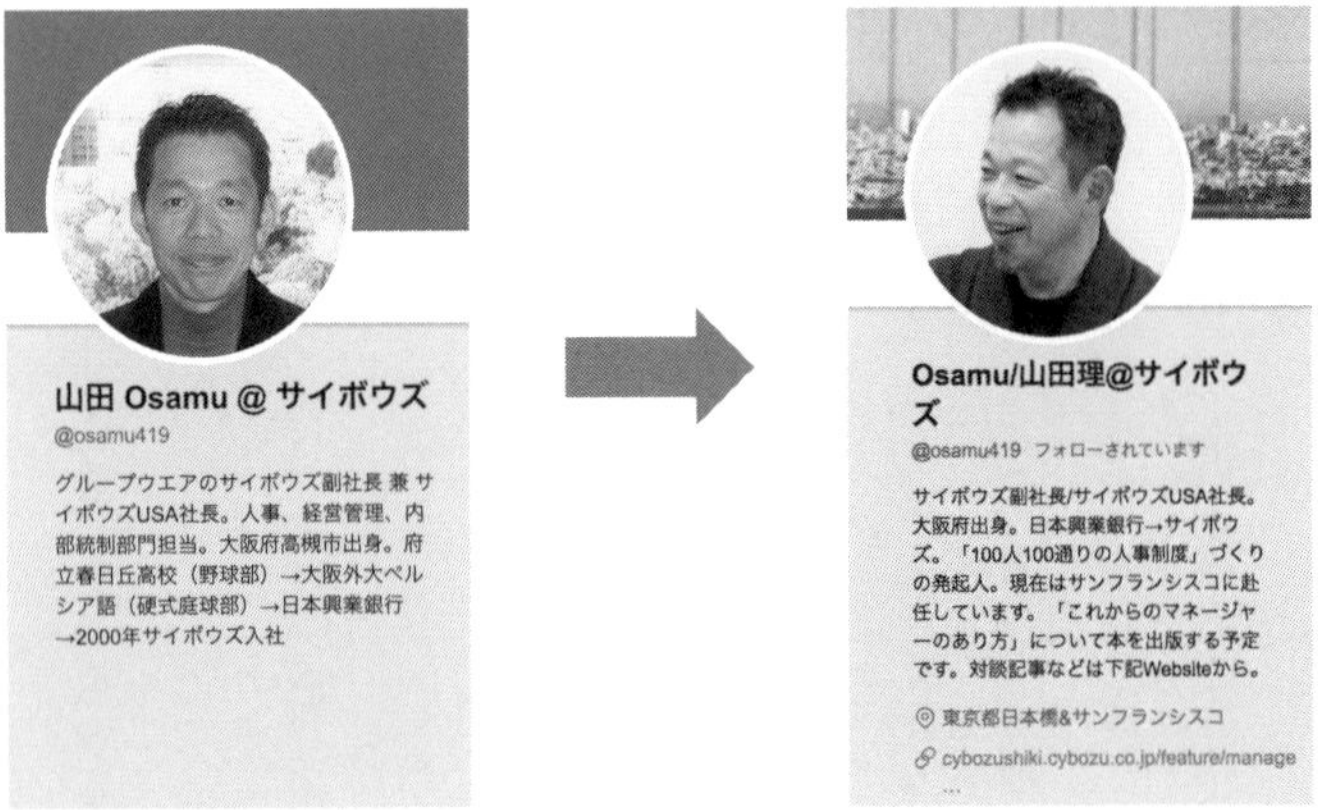

ツイッターのプロフィール文と写真のビフォーアフター

ぶやきましょう！」とメッセージを送ってきて、「え、そういうの必要なん？」ととまどう僕に丁寧に指導してくれました。ＳＮＳのお作法を自然に身につけているミレニアル世代を、リスペクトせざるを得ない出来事でした。

昭和の時代の常識では、新入社員が副社長に向かって「あなたのプロフィールダサいですよ」なんて、とても言えませんでした。そもそも、経営陣に自分の意見を伝えるルートさえなかったんです。

だけど今、サイボウズの社員は社内のグループウェアで、誰にでも直接、言いたいこと、疑問に思うことをみんなが見える場所で伝えられます。環境がそういうふうに変わったのだから、それを生かさない手はありません。**入社1年目だろうが、親子ほど歳が離れていようが、若い人のほうが僕より詳しいことはたくさんあります。そういうことはどんどん教えてもらうなり、お任せしてうまいことやってもらえばいいと思っています。**だからみなさんも、「自分のほうがよく知ってるし、うまいことやれる」と思うことがあったら、上司や先輩を助けてあげることができるんだということを覚えておいてください。きっとそんな時代になっていくと思います。

「自分はどうしたいのか」、自分の感覚を信じよう

今20代から30代前半の人たちの親や学校の先生は、僕と同世代か、もっと上かもしれません。そんな大人たちはまだまだ過去の常識に染まっています。「こういう考え方って古いかもしれない」とは思っても、じゃあどうすればいいのかわからない。わからないからこそ、子どもや教え子たちには「これまでの常識に従っておきなさい」

と言ってしまう部分もあるでしょう。

僕は最初に、若い人たちは大人の常識に振り回されず、自分たちの感覚を信じればいいと書きました。だけど、「そう言われても、どうしたらいいかわからない」「困ってるからこういう本を読んでるんですけど……」――そんな声が聞こえてきます。

だから序章では、若い人たちが仕事をしながら、あるいは今後のキャリアを考える場面で直面しがちな迷いや不安に対して、僕なりに「こういうふうに考えたらいいんじゃないか」「こう考えれば、過去の常識なんて気にならなくなるよ」といったことをお伝えします。

そして第1章以降では、若い人が仕事をしていく中でぶつかりがちな疑問を取りあげ、僕なりの解決方法や不安を乗り越える考え方をお話ししたいと思います。

ベースになるのは、次の3つのことです。詳細は第1章以降で説明していきますが、みなさんが自分の個性を生かして幸せなキャリアを築いていくのにきっと助けになる考え方ですので、覚えて役立ててもらえれば嬉しいです。それがこれからの社会人、つまりカイシャインの心得となります。

1 「できる」×「やるべき」から始める（「やりたい」は後からついてくる）

2 自分の幸せをゴールに選択する

3 質問責任を持つ

目次

第1章　私はなにを目標にすればいいでしょうか？

第2章　この会社、この仕事でいいのでしょうか？

第3章 もっと楽しく働きたい！ でもこんな問題に困っています……。

序章

「最近の若者は すぐ辞める」 って言われます。 やっぱり 3年は続ける べきですか ？

砂漠で見つけた大切なこと

昔々、学生時代に世界一周をしたときのことです。途中で中国に行きました。上海ではやっと高速道路を建設し始めていて、まだまだ自転車が道の半分を占めているような、今の中国を知ってる人からは想像もできないだろう景色が広がっていた時代です。

中国国内のシルクロードを西へ西へと進んでいき、砂漠の中のオアシスとなる村を訪れました。舗装された道路はなく、牛が台車をひき、土壁の家がならび、食堂では川からくんできた水で食器を洗い、ガスや電気もままならない、タイムスリップして１００年くらい前に戻ったかのような村でした。

そんな村を散策していると、笑顔で接してくれる村の人がいるんです。あちらこちらで、子どもたちと笑顔で話している家族の姿をみかけました。当たり前ですが、その村には高級マンションなんてありません。当時のバブル期の日本で幸せや成功の象徴だったベンツやＢＭＷなんて走ってなければ、グッチやヴィトンのバッグなどもない。高級レストランもない。でも、そんな村には笑顔があふれているんです。

それを見たときは衝撃でした。

僕は幸せというのを、勉強して、競争して、いい学校にいって、いい会社に入って、お金持ちになって、いい家に住んで、いい車に乗って、いいものを買って、おいしいものを食べる、そういうものだと理解していました。そして、そのためにはがんばらないといけないんだと思っていました。そんな自分の「幸せ」観が、音を立てて崩れていったんです。

それと同時に、「あっ、お金って人を幸せにしてくれるわけじゃないんだ。自分が幸せと思えば幸せになれる、幸せは万人に与えられた権利なんだ」ということを強く実感したんです。

そのとき、「自分と家族が心身共に健康でさえあれば、失うものなんてなにもないんだな」と、心がとても軽くなったのを忘れることができません。

この中国の村での気づきは、僕が日本の昭和的な価値観から抜け出すきっかけをくれました。

「はじめに」で、これまで常識だと思われていたことが非常識になるのが今の時代だと書きました。でも、社会にはまだまだ昭和の価値観にどっぷり浸かった人たちが多くいます。彼らの多くは、若いころから身につけてきた常識を今も変わらないものだと信じているから、「君たちはわかっとらん！」と、古い考えを押しつけてくることも多々あるでしょう。自信をもってそう言われると「そうなのかな」と思ってしまいますよね。でも、本当にそうなんでしょうか？

ここでは「それはもう非常識じゃない？」と僕が思うことを、昔の常識といわれていた言葉や考え方を例に挙げてみます。

「若いうちの苦労は買ってでもしろ」という常識

苦労なんてないほうがいいはずなのに、わざわざ「買ってでもしろ」と言うのは、なんでだと思いますか？

僕が思うに、そこにあるのは「我慢すれば、将来は幸せになれる」「苦労しなきゃ、幸せになれない」という考えだったと思うんですよね。

昔なら、それは正しい考えだったんです。戦争に負けて貧しい時代はある意味どん底で、それ以上不幸になりようがない。みんながんばれば、日本全体が良くなっていったのです。貧しい時期を脱した高度経済成長期も、年功序列で終身雇用制の会社にいれば給料は上がっていくし、定年後の生活まで保障されていました。若いときにつらいことがあっても、我慢してその会社に居続けるのが正解だったんです。

でも、今は違います。みんながんばれば日本の景気が良くなるとか、同じ会社で働き続けていれば給料が上がっていくとか、そんな保障はないでしょう？　**つまり、最初に苦労をし、その後に幸せがやってくるという方程式は、もう成り立たないんです。**それなのに、「最初に苦労しよう」ということだけが、いまだに常識のように語られているのはおかしいですよね。

似たような言葉に「迷ったら、困難な道を選べ」というのもあります。これも、大変なことを乗り越えたときのほうが、得るものは大きいということを言っているのだと思います。裏返せば、「ラクに手に入るものなんて、たいしたことない」ということ。

僕もかつては「ラクしちゃダメだ」と思っていたことがありました。仕事も人生も、楽しんでやるのはいいけれどラクなほうに流されるのはアカンと。だから僕は、息子に〝楽〟と書いて〝ガク〟と名づけたんです。「人生ラクするんじゃなくて楽しむんやぞ！」という思いを込めて。

でも今は「ラクしたらええやん」と思うようになりました。人間って、昔から「ラク」を求めて生きてきたんじゃないかと思うんです。たとえば10人がかりで必死になってやっていたことを、道具を工夫して5人でできるようにする、というようなことを繰り返して、いろんな技術が生まれてきた。「ラクしたい」というのが原動力になって進化してきたんだから、実は「ラク」ってすごくいいことなんじゃないでしょうか。

もちろん、なにか目的があって困難な道を選びたい人のことは止めません。でも、「どっちかな」と迷うんだったら、ラクにできそうなほうを選んだらいいですよ。そのほうが自分の力を発揮しやすくて、自分の力が発揮できれば、まわりの人に「ありがとう」と言ってもらえる可能性も高いはずです。

「石の上にも3年」という常識

「3年以内離職率」という指標があります。厚生労働省が毎年発表しているもので、新卒で就職した人が3年以内に辞めた割合のことです。最新の統計では、大卒で就職した人のうち32・0％が3年以内に辞めているそうです（2019年10月21日の厚生労働省の発表より）。

この数値を見て、去年より上がったとか下がったとか、「〇〇業界は特に3年以内離職率が高い」といったことが話題になるわけですが、そもそもどうして〝3年〟を区切りにしているのでしょう？　その理由を僕は知りませんが、「石の上にも3年」と言うから、「3年くらいは辞めないでがんばるのが普通でしょう」という〝常識〟の上に、もしかしたらこの調査が始まったのかもしれません。

昔の終身雇用の会社では、「新卒で入って3年くらいじゃ、まだなにもわからないでしょ。辞めないで我慢しとけば、いいことあるよ」というのが正しいアドバイスだったのでしょう。若手には仕事の流れのごく一部しかやらせないから全体像が見えないし、下っぱのときにつらい思いをしても、勤め続けていれば給料も役職も上がる、という状況があったからです。

でも、今は長く勤めている間に会社がつぶれてしまったり、リストラにあったりすることだってあります。「ここは違うな」と思ったら、３年も我慢せずに早く次の場所に行ったほうがいいかもしれません。

僕はサイボウズで、みんながなるべく長く働いてくれるようにしたいと思い、今の「１００人いたら１００通りの働き方」につながるような制度をつくってきました。だから、サイボウズの３年以内離職率も低ければそのほうが、僕は嬉しいです。

でも、３年離職率が低ければ5年離職率や10年離職率（というものがあったとして）

が高くてもいいということはもちろんないし、逆に3年離職率ゼロなら完璧だとも思いません。会社に入ってくれた若い人たちに、「3年は辞めないでね」とも言いません。

「この会社でやっていこう」と思ったけれど入ってみたらどうも合わなかった、ということはどうしてもあるし、会社の仕事を一生懸命やってみたからこそ次にやりたいことが見つかることだってあります。**それが3年以内だろうと以降だろうと、気づいたときが考えてみるタイミングです。**「まだ3年経ってないから」などと思考停止せず、自分の気持ちに素直になってどうするか決めればいいだけです。

僕は新入社員の入社式でいつも、「僕の仕事は、みなさんに早く会社を辞められるようになってもらうことです」と言っています。ほかの会社に行くのもよし、独立するのもよし、いろいろな選択肢がある状態で、自分の意思で決められることが、本人にとって一番幸せなことだと思うからです。その上でサイボウズにいようと思ってもらえれば、僕としてはとても嬉しいですけどね。

「夢に日付を入れる」という常識

将来叶えたい夢を明確にし、そこに到達するまでの計画を具体的に立てろ、という意味で「夢に日付を入れよう」という言葉が一時期流行りました。

これは、ふたつの意味で今の時代に合わないアドバイスだなぁ、と思います。**一つめの意味としては「将来の夢を決める」というところ。**

夢を持つのは構いません。でも、誰もが夢を持たなければいけないということはないし、夢がないといい人生を送れないなんてこともありません。

僕自身、20代の前半に自分が今みたいな仕事や働き方をしているなんてまったく想像もしていませんでした。インターネットとかグループウェアとか、当時はまったく知りませんでしたから。だからみなさんも、これから10年、20年後に今は思いもつかないようなことを楽しくやっている可能性があるんです。夢を持って向かう先を一つに決めてしまうということは、そんな可能性を狭めてしまうということでもあるんですよね。

ふたつめは計画通り夢が叶わないと失敗したと思ってしまうところです。

「自分には夢がある」という人も、そのゴールにたどり着くまでの計画を細かく立ててその通りに進んでいくことは、おすすめできません。今の世の中は不確定要素が多すぎて、きっと計画通りにいかないし、計画にこだわると却ってうまくいかなくなる可能性も高いでしょう。

夢があるならそれを大事にしながらも、その都度「これって、夢に近づくことかな」と考え、自分の行動を選択していくしかないのだと思います。そうしているうちに、夢に近づいていく場合もあれば、途中でもっと大事にしたいことが見つかるかもしれない。その時々で自分の心に素直に生きることが、幸せになる秘訣なんじゃないでしょうか。

「会社員は常に成長すべき」という常識

「あえて苦労をしろ」「困難な道を選べ」と言う人にその理由を聞くと、「そのほうが成長できるから」という答えが返ってくるかもしれません。その根底には、「人は常に成長し続けるべき」という考えがあるのだと思います。

もちろん、成長することそれ自体は良いことです。子どもを育てる親としては、小さかった子が大きくなって、いろいろとできることが増えていくのは本当に嬉しいものです。社会人になってからも、自分やチームのできることが増えていくのはとてもワクワクします。**でも、それは結果であって、目的として求めるものじゃないんじゃないかな、と思うのです。**

がんばって成長したら、また次の成長を求められてまたがんばる……という終わりのない努力を続けていると、成長の喜びよりもがんばり続けることの苦しさやプレッシャーのほうが上回ってしまうかもしれません。そうなると、一体なんのための成長なんでしょう。

みなさんは、「自分が苦手なことを克服する」とか「できないことをできるようになる」という努力が好きですか？　努力が実ったときの達成感は素晴らしいものだと思いますが、そこまでいく前に挫折してしまったことはありませんか？　それよりも、「今の自分にできること」「やっていて楽しいこと」に集中し、その結果としてより得意になる、という方向が今の時代に合ったやり方じゃないでしょうか。

「仕事で自己実現する」という常識

「夢を持とう」「成長しよう」と言う人たちは、「仕事で自己実現」という言葉も好きです。自分の夢に向かって成長し、持てる能力を最大限に発揮し、充実感を持って生きる――仕事をとおしてそんな状態になるのが理想だと考えているんですね。だから若い人にも、「お前はなにになりたいんだ？」とか「夢はなんだ？」とか聞いてくるわけです。

でも、いきなり「自分のやりたいこと」を起点に仕事をしようとしても、大概うまくはいきません。

だって、僕が「俳優になりたい」と思ったとして、そもそも演技が下手では仕事になりません。もし上手だったとしても、「山田理の芝居が観たい」というお客さんなり「この役は山田理にやってほしい」という監督なりがいなければ、やっぱり仕事にならないんです。

もちろん、これから演技の勉強をして努力を重ね、いつかそれを仕事にできる可能性はゼロではないですよ。でも、そこまでモチベーションを保ち続けていくのって、なかなか大変です。

僕が若いみなさんにすすめるのは、自分ができることの中で、人に「ありがとう」と言ってもらえることを仕事にしよう、ということです。

サイボウズでは、個人の「できること」と会社やお客さんから望まれている「やるべきこと」を「商売の2点セット」とよんでいます。この2つが重なったことをすると、相手に「ありがとう」と言ってもらえる、つまり仕事が成立してお金がもらえます。

また、「できること」と「やるべきこと」に「やりたいこと」を加えたものを、「モチベーションの3点セット」とよんでいます。相手に「ありがとう」と言ってもらえて、さらにそれが自分のやりたいことでもあるときに、その仕事に対するモチベーションがもっとも高くなるからです。もし自己実現というのであれば、この3つの要素の重なり合う部分が最大限に大きくなった状態を意識するのがいいと思います。

「モチベーション3点セット」なんて言っているくらいだから、僕も自己実現を否定しているわけじゃないです。重要なのは順番です。

いきなり「やりたいこと」の円を描いて、そこに重なる「できること」「やるべきこと」を探そうというのはなかなか難しい。下手すると、「やりたいことができない……」と挫折してしまいます。そうではなくて、まずは「できること」と「やるべきこと」の重なる仕事をやってみよう、ということです。

自己実現というのは、心理学者のマズローが提唱した「欲求五段階説」の一番上の段階にある欲求です。下から「生理的欲求」、「安全の欲求」、「所属と愛の欲求」、「承認の欲求」という段階があり、これらが満たされた人は「自己実現の欲求」が行動の動機となる、というのがマズローの言ったことです。

この本を読んでくれている若い人たちの多くは、生理的欲求、安全の欲求は満たされているでしょう。でも、所属と愛の欲求や承認の欲求はどうでしょうか？

昔の日本なら、大家族や会社の中でどこかに居場所があったかもしれません。でも核家族化し、競争が当たり前の現代では、親から「あんた、そんな成績で大丈夫なん？　もっと勉強せないい学校行かれへんで」とか「〇〇ちゃんみたいにがんばらなあかんやん」とか言われ続けたら、家に居場所がないように感じられます。会社でも、同期と競争させられたり組織の歯車みたいに扱われたりしたら、安心していられません。どこにも愛や所属が感じられない、ましてや承認されることなんてない、という人も多いんじゃないかと思うんです。

だから僕は、「ここに居場所がある」と感じてもらうことを大事にしています。サイボウズの社員にも、まず「やってほしい」ことでその人が「できること」をしてもらいたい。そうすることで「いいね」とか「ありがとう」と承認されるようになって、そういう経験が積み重なっていくと、徐々に自分に自信が生まれ、こういうことにチャレンジしてみようかなという「やりたいこと」が見えてきて、自己実現の欲求へと近づいていくんじゃないかな、と思うんです。

「お客さまは神さま」という常識

「お客さまは神さま」なんて言葉が、どうしてできちゃったんでしょうね……。

外国から来た人が日本のお店の接客の丁寧さに感動する、なんていうこともありますから、決して悪い考え方ではないでしょう。そもそも、「お客さんに喜んでもらう」というのは商売の基本です。でも、「お客さまは神さまだから、理不尽な要求にも応えなければいけない」というのは、おかしいと思いませんか?

商売というのは、ギブ・アンド・テイクが基本です。自分がつくった大根を誰かに渡して、その人から代わりにお米をもらうとか、生きるために必要なものをお互いに交換するというのが、始まりですよね。

でも、交換の道具として貨幣（お金）が出てくると、商売の意味が変わってきます。「お金はたくさん集めたほうがいい。そのためには大きな商売をしよう！」ということで、会社という仕組みができました。

資本を持っているお金持ちが会社を経営し、そこで働く労働者というのはお金を稼ぐための道具になりました。だから、労働者に払う給料はなるべく安いほうがいい。そして、会社にお金が集まるにはお客さまの存在が必要で、お客さまにはなるべく喜んでもらいお金を払ってもらわなければいけない。だから、社員はお客さまを神さまだと思って精一杯働け、という考え方なんじゃないかと。

でも、本当はお客さんだから立場が上で、社員だから下、なんてことはないはずですよね？ 社員がモノをつくったりサービスを提供したりし、お客さんはそれに見合ったお金を会社に払い、経営者は社員の働きに見合ったお給料を払う――そうやってそれぞれのギブ・アンド・テイクが成り立つのが本来の商売のあり方なんじゃないでしょうか。

お客さまが喜んでくれれば社員がつらい思いをしてもいい、というような常識は捨ててしまわないと、働き方改革なんてうまくいきません。

もしお客さんの要望に応えるために無理な働き方をさせている会社があれば、みなさんは我慢しなくてもいいと思うんです。**お客さんだけでなく、会社だけでもなく、働いている人もみんなが幸せになるような働き方を世の中は考え始めています。**

「空気を読め」という常識

空気を読んでみんなに合わせる——みなさんも、いつもやっていることかもしれませんね。僕はこれこそ、昭和の時代の古い常識だと思うんです。

戦後のモノがなかった時代から高度成長期にかけては、成功の型がありました。モノはつくればつくっただけ売れました。そういうときに利益を大きくするには、同じモノをなるべく大量につくり、売るのが正解。一人一人に合わせてカスタマイズとか、例外というものはないほうが効率的でいいんです。製造の現場で働く人も、営業する人も、それぞれの個性なんか発揮せずにマニュアル通り、上司の言う通りに働くのが効率的ということになります。だから、「でも、こっちのやり方のほうがいいと思います」とか、「なんでこんなことやらなアカンの？」とか言って調子よく進んでいる仕事の流れを乱す人は、「空気が読めないヤツ」と評価を落とすことになったのです。

でも今は、同じものをたくさんつくったって売れるかどうかわからないし、マニュアルや上司の言うことに従っていれば安心、というわけでもありません。世の中はどんどん変化しているから、なにをすべきかもどんどん変わるんです。**過去に成功したやり方をそのまま繰り返している会社は、どんどん取り残されてしまいます。**

では、なにをすればいいのか？

こういうときは、たくさん考えたから成功確率が上がるわけじゃありません。まずは行動してみて、その結果から学んで次の行動を選んで……ということを繰り返していくしかない。行動の量が多くてバラエティに富んでいるほど、いろいろな可能性が見えてきます。だから、みんなで空気を読みあって同じ行動をしていたって仕方ないんです。むしろ全然違う行動を取れる人たちが集まったチームのほうが、成功する確率が高くなります。

僕はこれからの時代の働き方のキーワードの一つは、「同調から個性へ」だと考えています。これからはみんなと違うことが価値になる時代です。空気を読んでまわりに合わせるよりも、まずは自分がみんなと違うところを探し、それを個性として発揮していきませんか？

ちなみに、僕が考えるこれからの時代の働き方のキーワードはほかに9個あります。詳しくは第4章最後の「これからの働き方に影響を与える10の変化」を読んでください。

第１章

私はなにを目標にすればいいでしょうか？

【若手社会人との問答】

若手社会人

僕、自分がなにをやりたいのかわからないんです。まわりには自分のやりたいことに向かってがんばっている友達もいるし、上司との面談でも「キミのやりたいことはなんだ？」と聞かれたりするんですけど、なんて答えたらいいのかわからなくて。

山田

僕も「やりたいこと」はずっとなかってんなぁ。

若手社会人

え、ずっとなかったんですか!?

山田

うん。たとえば、この本を書くにあたって「読んでくれる人にこういうことを伝えたい」という思いはあるよ。でも、「書きませんか？」と声をかけてもらったから、「こんな僕の言うことを読みたいという人がいるなら」と引き受けたのであって、最初から「本を書きたい！」と思っていたわけではないのよ。僕の人生って、ずっとこんな感じやねん。新卒のときも「銀行の仕事をやりたい」と思って銀行に入ったわけではないし、サイボウズに転職したときも「サイボウズでこれをやりたい」というのがあったわけでもないし。

若手社会人

そうなんですか……。

山田

だから、無理に「やりたいこと」を考えなくても、「できること」をやればええねん。

1

やりたいことが見つかりません

序章で、「夢に日付を入れる」という考え方はもう古い、夢を持って向かう先を一つに決めてしまうということは自分の可能性を狭めてしまうことにもなる、という話をしました。同様に、「やりたいこと」にこだわるのも、それ以外のことに目を向けるチャンスを捨ててしまうことにつながります。だから、「やりたいことがない」というのは、まったく悲しむべきことじゃないですよ。

僕は、仕事の中で「やりたいこと」をやろうとしたことってほとんどないんです。

新卒で入った銀行の面接では、「僕、銀行向いてないと思うんですよねぇ」とか、「ペルシア語専攻なんで経済とかわかりません。ペルシア語でさえ危ういですよ」とか、「電球換えろと言われたら必死になって換えるし、僕にやる仕事があるんだったらとことんやります」とか言っていました。「やりたいこと」ではなく「できないこと」と「できること」を正直に話したんです。それで内定が出たのは、相手も「銀行にも少しは変わったやつが欲しい」と思っていたからかもしれません。

働き始めると、同期はほとんど東大か京大か早稲田か慶応出身で、経済や金融の知識がある人も多く、僕なんか「なんでいるの？」みたいな世界です。「こんなことも知らないの？」と呆れられることもしょっちゅう。知識でなんて勝てっこない。だからこそ、いい意味であきらめがついたんですよね。まわりからライバル視されることもないから、みんなと仲良くなれます。部の宴会は率先して盛り上げて、半年に1回の部会のときも新人を巻き込んで芸をしました。そのときは、「おまえを採用してほんま良かった」と言われたものです。

サイボウズに転職したのも、「やりたいこと」があったからではありません。銀行にいてやれることがなくなってきたと感じて次を探した結果、「山田さん、サイボウズに来てこんなことやってください」と言ってもらえたからです。「こんな僕でもよかったらやります」ということで入社し、それ以来「おさむさん、これやってくれない？」と言われることをやってきました。

だから、「やりたいこと」がなくて悩んでいるくらいだったら、自分が「できること」で「やるべきこと」を探しませんか？　そのふたつがうまく重なることをやっていれば、「ありがとう」と言われることが増えて楽しくなるはずです。もしかしたら、そこから「やりたいこと」が見えてくるかもしれませんよ。

2

モチベーションって、どうやったら上がるんですか？

「やりたいこと」はなくてもいいのですが、あったらダメというわけではありません。それはモチベーションの一つの要素ですから。

サイボウズでも、本人の「やりたいこと」と「できること」、会社の「やるべきこと」の重なりが大きくなるほどモチベーションが上がると考えて、なるべくそういう状態を実現しようとしています。

ただ、順番としては「できること」と「やるべきこと」の重なる部分を見つけるのを先にしたほうがいいでしょう。そのほうが、「ありがとう」と言ってもらえる可能性が高いからです。

中には、「人から感謝されようとされまいと、自分のやりたいことを追求する」という人もいます。でも、誰かが「ありがとう」と思うからお金をもらえるというのが商売の基本であると考えると、誰からも感謝されないことを仕事としてやり続けるのは、難しいでしょう。「ありがとう」と言ってもらえることをやっていく中で、「楽しいな」とか「好きだな」と思えることを見つけるのがモチベーション高く仕事を続けていくコツです。

その際、自分のできることとできないこと、やりたくないことを明確にしておくのもポイントです。僕は銀行に入るときに「経済や金融のことはわかりません」と言っていました。言っておかなかったら、「銀行に入りたいと思うくらいだから、これくらいのことは知ってて当然だろう」と思われて、まったく歯が立たないような仕事を与えられたかもしれません。

できないことをやろうとすると、「ありがとう」どころか「なにやってんねん」と怒られたりして、つらいですよね。また、できるけれどやりたくない、ということを我慢してやるのもよくありません。どちらにしても、うまくいかなかったときに「あんなことを俺にやらせるのが悪いんだ」と人のせいにしがち。自分もまわりも不幸です。

逆に、やるべきことの中に「まだ自信はないけど、やってみたいな」というものがあれば、チャレンジしてみたらいいと思います。自分で「やろう」と思ったことだから、うまくいかなくても「もうちょっと勉強が必要なんだな」と自分で状況を把握して前向きに対応できるし、そういう人にはまわりも協力したいと思うものです。

つまり、モチベーション高く仕事をやっていく方法には、

・自分の「できること」×会社の「やるべきこと」＝やりたいことになる

・会社の「やるべきこと」×自分の「やりたいこと」＝自信はないけどやってみて、「できること」になる

・自分の「できること」×自分の「やりたいこと」＝「やるべきこと」だと思ってくれる人を探す

という3つがあると思います。

自分で「できません」「やりたくありません」と思っていることを無理にやってもモチベーションを下げる結果になりやすい。逆に、「自分はこれができる」「やってみたいな」と感じられることをやっていると、さらにモチベーションが上がりやすい状態になっていくということ。これは僕個人の経験からも、サイボウズの社員を見ていてもわかったことです。みなさんもぜひ試してみてください。

コラム

社員の「やりたい！」で会社が動く

サイボウズにも、「やってみたいな」という気持ちをもとに新しい仕事にチャレンジし、モチベーション高く仕事をしている社員がいます。

たとえば、２０１６年に新規事業として始まった「地域クラウド交流会開催支援プログラム」は、社員の永岡恵美子さんがその前年に始めた「地域クラウド交流会」（略称：ちぃクラ）がもとになっています。

「ちぃクラ」とは、地域の起業家と支援者をつなぐ交流会を開催し、創業支援と地域の活性化のためのチームづくりを応援しようという取り組みです。

永岡さんは社長室に所属していて、前職で中小企業の経営相談や起業家の支援をしていた経験とスキルを活かして「こんなことをやりたい！　一人でやりますから、やらせてください」と言い出したんです。

会社としてはやる意味があるのか半信半疑でしたが、ブランディングにはなりそうだし、地域のコミュニティに対する営業にもつながるかも……という可能性は感じられました。なによりも本人がやりたいと言っているとこだから、「どうなるかわからないけれど、まずはやってみたら？」ということになったんです。

２０１５年に千葉で始めた交流会はとても好評で、その年は10回開催。翌年には全国各地に広がり、事業としてお金も稼げるようになりました。その結果、会社としてもその価値を認めて事業化することになったのです。その後も永岡さんは、各地域計49名のオーガナイザーとチームをつくり、「ちいクラ」を拡大し続け、２０１９年末までに21都道府県・63市区町村で開催され、のべ2万人以上が参加するまでになりました。

まさに「やりたいこと」から始まって「できること」と「やるべきこと」も重なった状態の仕事を得た永岡さんは、とても楽しそうに仕事をしています。最近では、他社に月2回出社するという契約で複業も始めました。「ちいクラ」での永岡さんの活躍を見た彼女の知り合いから声がかかったのです。永岡さんの「やりたいこと」「できること」が、サイボウズ以外の会社の「やるべきこと」にも重なったんですね。

会社としては、今やってもらっている業務が止まったら困るというケースもあるし、社員の「やってみたい！」という希望をいつでも無条件に受け入れられるわけではありません。それはどの会社でも同じだと思います。永岡さんの挑戦を会社が後押しできたのは、たまたまタイミングが良かったというところもあるでしょう。でも、そういうタイミングやチャンスがどこに転がっているかはわからないのです。**わからないからこそ、やりたいことを発信し続け、みんなに知っておいてもらうということが大事だと思います。**

3

好きなこと、得意なことって仕事になるんでしょうか？

一見「こんなこと仕事とは関係ない」と思うようなことでも、あなたが好きでたまらないことや得意なことを、「ぜひ仕事としてやってほしい」と考える人がどこかにいる可能性は高いです。そういう人といかに出会うかが重要で、そのためには自分の好きや得意を、まわりにわかるようにすることが欠かせません。

２００４年にサイボウズに転職してきた〝福ちゃん〟こと福西隆宏さん。彼は、開発部で製品の仕様書や説明書をつくるテクニカルライターの仕事をしていました。サイボウズに来る前も大手電機メーカーで同様の仕事をしていて、本当は違う職種に挑戦してみたくて転職活動をしたのだけれど、未経験の職種に応募しても全然受からなかった。だからたまたまテクニカルライターを募集していて、ちょっと面白そうな会社に見えたサイボウズに応募して採用されたのだそうです。

　僕は当時、中途で入ってくる全メンバーの最終面接をしていて、入社後の評価にも関わっていたので、福ちゃんがなにか新しいことに挑戦したがっていることはなんとなくわかっていました。それに加えて福ちゃんは、有志で社内報をつくったり社内イベントの企画運営をしたり、テクニカルライターという本来の担当以外の活動で、社内からたくさんの「ありがとう」をもらっていました。

　福ちゃんが自分から明確に「〇〇の仕事をしたい」とか「△△部に異動したい」と言っていたわけではありません。酔っ払ったとき、「僕、人を喜ばす仕事をしたいんですよ〜」みたいなことは言っていたかもしれません（笑）。**言葉では言わなくても、彼の行動を見ていれば、「ああ、人を喜ばせることを考えて実行するのが、すごく好きなんだな」ということがよく伝わってきたのです。**

福ちゃんが入社してきて7年ほど経った２０１１年、僕は人事部の中に新しい部署を立ち上げることを決めました。名づけて「感動課」です。

僕は昔、ＮＨＫの「プロジェクトＸ」という番組が好きでよく観ていました。若いみなさんは知っているかどうかわからないけれど、主に高度経済成長期の日本の、いろいろな企業の挑戦的なプロジェクトをドキュメンタリー形式で伝える番組です。僕はそのシリーズを観るたびに感動しました。

人の仕事の話でこんなに感動するんだから、自分たちの仕事でも、本当はもっともっと感動できるんじゃないか。普段は見過ごしてしまっているけれど、サイボウズの中にも「プロジェクトＸ」の登場人物に負けないくらい真剣に仕事に取り組む人たちがいて、数々の困難を乗り越えながら成し遂げられたすごい仕事がいっぱいあるはずじゃないか――そう思った僕は、職場の感動を見える化し、がんばった人たちを感動させることをミッションとする「感動課」をつくることにしたのです。そして、サイボウズの中で誰よりも人を喜ばすことが好きな福ちゃんに、世界初（？）の人事部感動課長になってもらいました。

課長といっても福ちゃん一人だけの部署です。サイボウズはもちろん、ほかの会社でも聞いたことがないような仕事を持ちかけられた福ちゃんは、最初は戸惑っていました。それでも、「もし感動課をやってみてあかんかったら、元の部署に戻れるように僕も頭下げてお願いするから」と言ったら決心してくれました。

それからの福ちゃんは、なにをやったらみんなに感動してもらえるかを常に考え、いろんな人を巻き込みながら、どんどん社内の感動の量を増やしていきました。

たとえば毎年の新入社員向けの研修合宿には福ちゃんがずっと同行して写真やビデオを撮り、研修の最後に流す動画をつくります。たった3〜4日のことなのですが、社会人になりたての緊張感を抱え、出会ったばかりの同期たちと難しい課題に取り組んだ新入社員たちは、この動画で自分たちのがんばりを振り返ります。感動課の仕事によって、新入社員研修は、サイボウズの社員として必要なことを覚えるだけにとどまらず、「自分はここでがんばっていけそう」という所属の意識や安心感を与える場になっているのではないかと思います。たいてい、何人かは涙を流してくれるからです。

これからは今までなかった仕事が生まれてくる

前述の通り、感動課をつくるというのは僕のアイデアです。でも、そのアイデアは、福ちゃんがいたから出てきたのかもしれません。僕と福ちゃんはたまたまサイボウズという会社の中で出会ったけれど、ＡＩ（インターネット以後）の今は、こういう出会いが会社という枠組みを超えて起こりうるのです。

ＢＩ（インターネット以前）の時代はやり取りできる情報の量も範囲も少なかった

から、就職や転職のときには「どんな資格を持っているか」「どんな大学、学部を出ているか」といった情報が重要でした。採用担当者は履歴書と数回の面接くらいでしか個人のことを知りようがなく、応募者の方も字数が限られた求人情報からしか会社の求めていることがわからない。個人と会社は、「それならスキルが高いね」と誰もが認めるようなパッケージ化されたスキルの有無でマッチングするしかなかったんです。

でも今は、「自分はこんな珍しい経験をしてきました」とか「こんなことが得意で、やりたいです」といった、資格や学歴で表せないようなことをインターネットで発信できます。百の企業から欲しがられる必要はなくて、たった一人でも「うちでやってみたら？」とか「あなたにこの仕事をやってほしい」という人が出てくればマッチングするわけです。

アマゾンが出てきて、モノの売買の世界ではロングテール（※）という考え方が当たり前になりました。上手に情報発信することで、無名だった地方の会社が海外のお客さんにモノを売れるようになったりしたんです。

でも、人と仕事のマッチングについてはまだまだAIのやり方が浸透していません。最近はクラウドソーシングというものが一般的になって、フリーランスの人は仕事を見つけやすくなったでしょう。でも、「○○大学だから優秀」とか「この資格が就職に有利」とか、昭和的な考え方はまだまだ残っています。みなさんには、そういう言葉に惑わされずに自分の個性とその可能性を考えてほしいですね。

（※ロングテール：それまでの本屋さんは、確実に売れるベストセラー本を並べなければ売上が維持できませんでした。でもインターネットを使えば、世界で一人しか欲しがらないような本でも、大量にそろえてそれぞれを欲しがっている人に売ることで十分な売上になります。そのような現象を「ロングテール」と言います）

4

就職しない生き方ってどうですか？

僕は以前、サイボウズに新卒の正社員を増やすことにこだわっていました。ほかの職場の経験がなく、サイボウズに１００％コミットしてくれる人のほうが、「サイボウズらしさ」みたいなものを受け継いでくれやすいと感じていたからです。

でも、最近では複業採用なんかも始め、プロジェクトによってはフリーランスの人にも入ってもらったりするようになって、あまり「社員」という雇用形態にこだわらなくてもいいのかな、と思うようになりました。その人がサイボウズの仕事にどのくらいの時間や労力を割いているか、ほかになにをやっているかは関係なく、サイボウズの理想に共感し、そのためにできることがあるのであれば、チームのメンバーとして貢献してくれるからです。１万人の正社員がいるのと、１００万人の人がちょっとずつでも事業に関わってくれているのとでは、どっちがいいかはなんとも言えないな、なんて思っています。

これはサイボウズに限らず、世の中の会社全体が、遅かれ早かれこういう状況になっていくのではないでしょうか。**会社という仕組みそのものが、そろそろ転換期を迎えているのかな、とも思います。**

個人の側から見ても、自分が得意なことややりたいことを発信していたら、「あなたのつくったものを買いますよ」という人や会社が出てくるかもしれません。一昔前は、個人でなにかを始められるのは、すでにある程度成功している人やお金に余裕がある人に限られていました。商品をつくったりお店を出したりするにも資金が必要で、銀行などから借りるにしても信用力が求められたからです。でも今は、無名の個人でも「それいいね！　やってほしい！」という賛同者がいれば、クラウドファンディングなどでお金を集めることができます。そうなると、会社に所属していなくても仕事をすることができますよね。

昔なら、独立するにしても一度は就職するなり誰かに弟子入りするなりして仕事のノウハウや人脈などを獲得しよう……というのが常識でした。**でも今は、仕事の内容によっては経験者のそばにいて得られるものが少なくなっています。**たとえばマーケティングや宣伝という仕事は昔からあって、ベテランとよばれる人がたくさんいます。その人たちが最も得意とするのは、テレビ・ラジオ・新聞や交通広告を使った宣伝かもしれません。でも、今の若者にアピールするなら、動画やＳＮＳを使ってユーザーとコミュニケーションするほうが圧倒的に効果があったりします。その領域では、業界の経験が長い人から学ぶことはあまりないかもしれません。そういう意味では、一度も就職しなくても、仕事をしていくことがどんどん可能になっていくでしょう。

ただ、「そもそも仕事ってなんなんだろう」とか「よいチームをつくるにはどうしたらいいか」とか、時代によらず重要なこともあります。また、ビジネスの相手が昭和生まれのおじさんだったりすることもあるので、過去の常識がどうだったのかを知ることにも意味はあります。**だから、「とりあえず一回くらい就職してみたらええんちゃう」というのが僕の考えです。**いやだったらいつでも辞めればいいんですから。

会社に入ろうと入るまいと、大事なのは自分の幸せのために働く、ということです。就職したからといって、会社のために我慢してつらい思いをすることはありません。逆に、フリーランスや起業家として仕事するのが向いていないな、つらいなと思う人は、就職したほうが安心して毎日を過ごせるかもしれません。仕事だけでなくそれ以外の時間の過ごし方も含めてどうありたいのか——そこから、自分が一番楽しく生きられる働き方を考えてみたらどうでしょうか。

5 未経験分野に転職って、どうですか？

ここまで何度もお伝えしてきた通り、僕は「できること」を軸に仕事をしていくのがいいと思っています。だから未経験の業界や職種でも、そこで求められることを無理なくできるのなら、どんどんチャレンジしたらいいと思います。僕も、銀行からＩＴベンチャーという未経験の分野に転職して、その中で自分ができることをやってきました。

でも、「やりたい」という気持ちだけで、経験がないのに「（きっと）できます」と言って就職したり、異動したりするのはおすすめできません。そうやって若干無理してやることはそうそううまくはいかないし、それでも「できる」と言った手前弱音は吐けないから、ストレスが大きいですよね。まわりからも「お前、できるって言うからやらせたのに、できへんやんけ」とか責められたら、モチベーションを維持していくのが大変になります。

それよりは、できることとできないことを正直に伝えた上で、相手から「それなら、これをやってほしい」と言われることをやるほうが、「あなたを採用して良かった」と言われるし、自分も「ここにきて良かった」と思えるんじゃないでしょうか。

必要以上に謙虚になる必要もありません。これまでにやってきたことや得意なこと、自分がそれをすることで「ありがとう」と言ってもらえた経験を素直に話せば、あなたが知らない「やるべきこと」を相手が提示してくれることもあります。

たとえば映画が好きだから映画の業界で働きたい。でも経験がないし……と迷っているなら、その業界の人に「僕はこんなことをしてきて、こんなことができるんです」と話してみたらどうでしょう。「それなら、こんな仕事があるよ」という情報をもらえるかもしれませんよ。

「できる」×「やるべき」から始めよう

序章でも触れましたが、サイボウズでは「できること」と「やるべきこと」に「やりたいこと」を加えたものを、「モチベーションの3点セット」とよんでいます。この三つが重なり合うときに、モチベーションは最大限に高くなるのです。

ただ、先にもお伝えした通り、最初に「やりたいこと」にこだわりすぎるのはよくありません。それが「やるべきこと」や「できること」と重なっていなければ、あなたがいくら一生懸命「やりたいこと」をやっても、「ありがとう」と言われる、つまり評価されることはありません。そうすると仕事として続けていくことは難しいし、あなたの「やりたい」という気持ちを保ち続けることさえ難しくなってしまいます。

まずは「ありがとう」と言ってもらえることに目を向けましょう。今いる会社で「これをやって」と言われることは、その一つです。相手は、あなたならできると思って頼んでいるのですから、期待に応えれば「ありがとう」と言ってもらえるはずですよね。

今の職場では失敗ばかりで「ありがとう」どころか怒られてばかり……という人もいるかもしれません。そういう場合、自分が得意なこと、できることを改めて考えてみましょう。

別に「経理ができます」とか「営業が得意です」みたいな、仕事っぽいことじゃなくてもいいんです。あるジャンルの音楽については誰よりも詳しいとか、動物と仲良くなるのが得意とか、なんでもいい。そんなあなたの能力を必要としている人がどこかにいるはずだから、がんばって探しましょう。すぐには見つからないかもしれないけれど、ＳＮＳやブログなんかも活用して「こんなことが得意です。なにかお手伝いできることはないですか」と発信し続けていたら、「じゃあ、こんなことを頼めない？」という相手がきっと現れます。

「じゃあ、こんなことを頼めない？」の中身は、あなたが予想もしないようなことかもしれません。それでもやってみて、「ありがとう」と言われれば嬉しいし、自信になりますよね。やってみることで、新たにできることが増えていき、また「ありがとう」と言ってもらえます。そうやって「ありがとう」が蓄積されていくと、マズローの欲求五段階説でいうところの承認欲求が満たされていきます。そうなると、「やるべきこと×できること」の中に、もっと上手に、あるいはもっとたくさん「やりたいな」と思えることが出てくる。これが自己実現欲求の段階に進む、ということなのです。

極端な話、「やりたいこと」が一つに定まらなくたっていいんです。なんでもいいから「ありがとう」と言われることをずっとやっていこう、それが自分にとっては幸せなんだ、と思うならそれでもいいじゃないですか。

ここでポイントとなるのは、無理に背伸びしたり、逆に得意なことを隠したりしないこと。そうしないと、まわりの人の期待とあなたができることの間にギャップが生まれ、良い結果になりません。あなたの「ありのまま」を正直に見せて、それを必要な人に見つけてもらいましょう。

そうやって歩むキャリアは、最初から自分が望んでいたものではないかもしれません。だけど、自分であらかじめ想定できる範囲を超えて、豊かで楽しい経験になる可能性が高い、そう思いませんか？

第2章

この会社、この仕事でいいのでしょうか？

【若手社会人との問答】

若手社会人

僕、社会のためになることができると思って今の会社に入ったんです。

山田

会社の理想に共感したんやね。ええやん！

若手社会人

でも、今やってる仕事ってすごく内向きというか、上司のために働かされている気がして、全然お客さんのためになっていると思えないんですよ。

山田

ほぅ。

若手社会人

だから全然やる気が起きません。僕、どうしたらいいんですかね？

山田

まずは質問することやね。

若手社会人

え、質問ですか？

1

自分の仕事に意味が感じられません

会社で与えられている仕事に対して、なんでそんなことをやらなきゃいけないのかわからない、ということですよね。

この場合、会社のほうがボンクラで、本当に不必要な仕事をさせて社員の時間や労力を無駄遣いしているという可能性があります。そんな仕事はとっとと辞めてしまったほうが、会社のためにもなるはずです。でも僕の経験からすると、すごく意味がないように感じられることにも、大概なにか意味があるんです。

「こんな無意味な仕事をさせるなんて、理不尽だ！」とみなさんは思うかもしれない。

でも、「理不尽」とは「理にかなっていないと〝本人〟が感じること」であって、

ほかの人からすると「理にかなっている」場合もあるわけです。

たとえば、野菜嫌いな子どもは、野菜を食べさせようとする母親を「理不尽や！」と思うかもしれません。子どもは野菜の味や食感なんかがいやで食べたがらないけれど、母親のほうは栄養のこととか、野菜嫌いを克服すればもっと食事が楽しくなるだろうとか、味以外にも野菜を食べることのいろいろな意味を知っていて、だから食べさせようとするわけですよね。

「理不尽に思えること」は経験の量と反比例する傾向があります。いろいろな経験をして知識の量が増えていくと、理不尽だと思っていたことにも「なるほど、こういう意味があったんだな」ということが見えてきたりします。逆に経験が浅いと、世の中がどんな仕組みで回っているのか、そこに自分の仕事がどう関係しているのかが見えづらいから、意味がわからないんです。

意味がわからないままなにかをしなきゃいけないのって、つらいです。営業のノルマを「なにがなんでも達成しろ」と言われたとき、達成したら、あるいは達成しなかったらどうなるのか、それが見えていないとがんばる気持ちが起きづらいような気がしませんか？

個人のノルマというのは上司が適当に決めているわけではなくて、まずは会社としての理念や目的があり、それを実現するための会社全体の目標があり、それを各部署、さらには各担当者の目標にブレイクダウンされたものであるはずです。そのつながりがあなたに見えていないのは、上司の説明不足もあるでしょう。

でも、上司もそんなにパーフェクトな存在じゃないんです。だから、説明したつもりになっていたり、「そんな説明しなくてもわかるでしょ」なんて思っていたり、もしかしたら上司自身も自分たちの目標の意味がよくわかっていないことだってありえます。

だから、「自分の仕事の意味が感じられません」という人に僕が言いたいのは、「聞いてみたら？」ということ。上司に「これって、なんのためにやるんですか？わからないので教えてください」と聞けば、わかるように教えてくれるかもしれないし、上司も答えられないかもしれない。

答えられなかった上司は、そのまた上の人に聞きに行くかもしれないし、そんなことはしないで「ゴチャゴチャ言わないで仕事しろ！」なんて言うかもしれません。そうなったら残念ですが、そうなるかどうかは聞いてみないとわかりません。「うちの会社ってバカだから……」と飲み屋で愚痴を言うだけじゃなにも変わらないんだから、まずは聞いてみたらどうでしょう？

サイボウズでは、これを「質問責任」と言います。なにか納得できないこととか、おかしいと思うことがあったら、そう思った人に質問する責任があるということです。

そして、聞かれた側はそれに対してきちんと答える。それを「説明責任」と言っています。

説明はしてくれたけれど、やっぱりその仕事はどうしてもやりたくない、というときは、もっと自分がやりたいことをできないか、上司に相談してみてもいいんじゃないでしょうか。あるいは、説明の内容にどうしても納得できないとか、こちらから聞いても説明責任を果たしてくれないというようなときは、異動や転職に向けてチャレンジするのもありです。

2 会社のカルチャーに馴染めません

なんでこんな仕事をしなきゃいけないのか、ちゃんと説明はしてくれた。会社の方向性や上司の考えはわかった。……でも、納得できない！　ということもありますよね。

そういうときは、納得できるまでとことん質問してみるのもいいでしょう。でも、聞いても聞いても納得できそうにないとか、そもそも質問させてもらえない雰囲気があるとか、そういうときに、とるべき選択肢は次の三つです。

1　自分の価値観を変える

2　会社の風土を変える

3　働く会社を変える

たまたま就職した会社の価値観に自分も合わせてみようと思えるのならそれはそれでいいと思います。ただ、それはちょっと……と思うのであれば、選択肢は２か３です。

僕がセミナーでサイボウズの話をしたりすると、聞いてくれた人から「どうしたらうちの会社が変わるでしょう？」とか「今日のお話をうちの役員にしてください」と言われることがあります。でも、会社の風土や経営層の考え方って、そんなに簡単に変わるものじゃないですよ。

会社の偉い人というのは、その会社のルールに従って競争を勝ち上がり、その地位についているわけです。そういう人に後から入った社員が「変わってください」なんて言って、簡単に聞いてもらえるわけがないですよね。「なんでこっちが変わらなあかんねん」という話ですよ。

序章でもお話しした通り、**「3年はいなきゃ」なんてことはないんです。むしろ、早く気づいて良かったじゃないですか。**「合わないんだな」と思ってさっさと次の仕事を探したほうがお互いのためかもしれません。だから、「会社のカルチャーに馴染めんなぁ」と思うなら、それをなんとか合うように変えようとするよりは、外に出て合うところを探したほうが幸せになれるんじゃないかな、と思います。

3　この会社にいると先行きが不安です

「自分はこの会社にいていいのかな」と不安になったこと、僕にもあります。

「はじめに」に書いた通り、僕はペルシア語科卒で経済も金融も知らずに日本興業銀行という銀行に入りました。同期に僕みたいなやつはいないんだけど、だからこそ自分にできることがあると思えたし、こんな僕を受け入れてくれた銀行の恩に報いたいという気持ちもありました。

ただ、８年ぐらい経つとそろそろマネジメントというものに意識が向くようになってきます。そうすると、僕のまわりの頭いいやつはしょっちゅう上司の悪口を言ったりするんです。「俺の上司、ほんまアホや」みたいなね。

年功序列の会社だから、ある程度の年次になれば課長になったりするんですが、人によっては部下のほうが優秀だったりするんです。そうなると下から厳しく突き上げられて、鬱になって会社に来られなくなる上司なんかもいて……。そういうのを見ていると、「うわぁ、俺、銀行でやっていくの無理やなぁ」と思うようになりました。自分なりに、戦いを避けつつやっていく方法はあるかもしれないけれど、やりたくないし向いてないなと。

「自分はここにいていいんだろうか」という思いが強くなったころに、銀行が合併することになりました。僕みたいなのを拾ってくれた日本興業銀行というものがなくなるんだな、三つの銀行が一緒になった巨大な組織はますます自分に向いていないだろうなと思い、そのタイミングで辞めることを決めました。

僕が感じていた不安は、「この会社にいて、〝自分は〟やっていけるだろうか」と

いうことでした。給料とか雇用の安定とか、そういう点では安心感のある会社だったけれど、それで自分は幸せなんだろうか……というところに自信がなかったんです。

　逆に、みなさんの中には「この会社、つぶれるんちゃうかな」とか「この会社で、給料は上がっていくかな」みたいな、会社の先行きに不安がある人もいるかもしれませんね。

　これも、みなさんがなにを大事にするのかということ次第ですが、僕だったら収入や雇用の安定よりも、自分がイキイキワクワク働けることを重視して働く場所を選びます。

「そんなこと言っても、会社がつぶれたらイキイキワクワクどころじゃないでしょ」と思いますか？　でも、世の中に会社がつぶれる経験をした人って、まだまだ少ないんですよ。そういう会社で働いたというのも貴重な経験です。つぶれたら次を探せばいいし、つぶれなくてもワクワクしなくなったら辞めればいい。だから、「つぶれるかもしれない」という理由だけで「辞めたほうがいいかな」なんて考えなくてもいいんじゃないでしょうか。

コラム

「会社に残るか、転職するか」。それ以外の選択肢をつくりたい

「このまま会社に居続けるのか、ほかの道を選ぶのか」と、自分が進む道を考えるのは悪いことではありません。でも、いつまでもグズグズと決断を先延ばしにするのは、あんまり良くないんじゃないかと思います。「この会社にいるべきじゃないのかな……」と思いながらだと、今の仕事にも身が入らないですからね。

「なにか違うな」と思いながらも我慢して続けるのは、決断するのに必要な情報がそろっていないということです。「転職したほうが幸せになれるような気がする。だけど、転職先での仕事が自分に向いているかどうか自信がない。それを確かめる方法もない」というような状態だと、我慢し続けるか、

新しいことにチャレンジするにしても不安に目をつぶって「エイヤ！」と飛び込むしかないわけです。

そういうとき、複業ＯＫの会社であれば、まずは複業でやってみてできそうかどうか判断することができます。会社を辞めずにもう一つの仕事も始めるという選択だってできます。いろいろ試してみる機会があれば、我慢の状態から抜け出して決断ができるわけです。

日本でも複業を取り入れる会社はどんどん出てきています。これからももっと増えていくことでしょう。その考え方がもっと加速していくと、所属している会社すら本業ではなくなるかもしれない。そうすると社員であることにこだわらなくてもいい社会になるのではと考えています。

だからサイボウズでは複業もＯＫだし、社員でなくなっても個人でサイボウズの仕事を請け負うとか、起業した会社でパートナー契約を結ぶといった形でサイボウズと関わり続ける人たちもいます。

また、「育自分休暇」といって、一度完全に会社を辞めてほかのことにチャレンジできる制度もあります。これは、サイボウズを辞めても6年の間は会社に復帰できるという制度です。「別に会社や今の仕事が嫌いなわけじゃないんだけど、ここではできないことにも挑戦してみたい」、そんなふうに思っている社員は、最長6年間、外の世界を見てくる時間を得ることができるのです。

この制度を使って入社4年目に退職し、青年海外協力隊の一員として3年間ボツワナ共和国で働いた長山悦子さんは、今はサイボウズに戻ってきています。ボツワナのある村で、住民たちの生活向上につながるビジネスを立ち上げるというチャレンジをしてきた彼女は、明らかにサイボウズでは得られない経験をしてきました。それは彼女の人生にとって、とても大きなことだったと思います。

長山さんは戻ってきてくれたけれど、「育自分休暇制度」で辞めた人は、戻ってこなくてもかまいません。ほかでもっと楽しい場所や、活躍できる仕事が見つかったなら、そっちを選べばいいんです。もちろん会社からは「ぜひ戻ってきてね」というメッセージを込めてこの制度をつくっているわけではありますが、戻ってくる場合は、本人が自分の意志で決めるのです。

この「自分で選択した」というのがとても大事です。我慢ではなく前向きに「自分はここでやっていく」と覚悟を決めると、主体的になり、モチベーションが上がっていくのです。

昭和の論理で動いている会社は、会社が社員のキャリアを設計してその通りに動かそうとします。ですが、そんな会社に従っていて、社員は幸せになれるんでしょうか？　会社は、社員の人生の責任を取れるんでしょうか？　僕らはそんな自信はありません。**社員が進むべき道を会社のほうで決めてあげることなんてできないから、なるべくたくさんの選択肢を用意して、「自分の人生は自分で考えてくださいね」と言っています。**

「大人の体験入部」といって、希望者がほかの部署に行って仕事を体験することができる制度も、社員の選択肢を増やしたり、視野を広げたりするためにつくったものです。

体験入部をする人は、期間を決めてフルでほかの部署に行くこともあれば、兼務みたいな形で自分の本来の仕事と別の部署の仕事をやってみることもあります。その結果、異動が決まることもあるし、逆に「面白そうな仕事だと思ったけれど、それほど向いていないかも」とか「こっちの仕事のやり方が、今の自分の部署でも活かせそう」といった気づきにつながることもあります。

いろいろなことを自分で見聞きして知った上で、「この部署でやっていこう」とか「この会社でやっていこう」という覚悟をし、モチベーションが上がる。社員の選択肢を増やし、自分で決めてもらうということは、社員のためであると同時に、会社としてもとてもありがたいことなのです。

そうしたことに気づき始めている企業もきっとあります。まずは主体的に、自分の選択肢を増やし、それらを選ぶためにも、社内でやってみたいことを発信したり、積極的に関わってみるといいかもしれませんね。

4 「バリキャリ」「ゆるキャリ」どっちもいやです

働く女性を「バリキャリ」とか「ゆるキャリ」とか言って区別するのは、昭和的な考え方の名残ですよね。

「終身雇用」で「年功序列」というタテマエがあった時代は、産休・育休でキャリアにブランクができる人やフルタイムで働かない人は、ほかの社員と同列に扱うのが難しかった。だから会社は、女性であっても男性と同じように仕事を最優先してくれる人を評価し、昇進させました。そういう人が「バリキャリ」とよばれるようになり、非「バリキャリ」の女性を指す言葉として「ゆるキャリ」が生まれたのかな、と思います。

でも、今や転職は当たり前、複業だってOKになり、年功ではなく成果を重視せざるを得ない状況です。産休・育休によるブランクがその後のキャリアにどう影響するかなんて議論は、どんどん意味をなさなくなっているのです。

それでも「バリキャリ」「ゆるキャリ」という言葉がなくならないのは、若い人たちの中にも「長期間、働く人が評価される」「女性は仕事をしていても、家庭や子育てをちゃんとやらなきゃいけない」という古い考え方から抜け出せない人が多いのかもしれません。

そこから、「バリキャリ＝仕事に楽しみを見出してがんばる代わりに、それ以外の幸せや家庭の責任を犠牲にしている」「ゆるキャリ＝仕事はほどほどで責任のある立場は避け、仕事以外の幸せを大事にする」というイメージがあって、「どっちもいやなんですけど……」という悩みが出てくるわけですね。

でも、そういうふうに悩むみなさん自身、「バリキャリ」「ゆるキャリ」のどちらにも当てはまらない人たちなんじゃないですか？

２０１９年に20～30代の働く女性を対象にサイボウズが行なったアンケートによると、「仕事に対する希望」として「人間関係のいい職場で働きたい」（66・７％）に次いで選ばれているのが「プライベートが大事にできる環境で働きたい」（60・５％）です。また、６割近くの人が「楽しみながら」「自分らしく」「無理しない」という言葉に好感をもっていて、「向上」「がんばる」「自己投資」「ストイック」などの言葉には好感がもてないと答えています。

これだけ見ると、今の20～30代の働く女性は「ゆるキャリ」を目指しているように思えるかもしれません。でも、同じアンケートの仕事時間についての質問では、６割以上が１日８時間以上働いていて、10～11時間という人も７・４％いる。つまり、「プライベートを大事にしたい」と考えている人が、みんな定時でさっさと帰っているわけじゃないんですね。

僕のまわりの女性たちを見ても、仕事は好きで、チームの理想や目標に向かって責任を持って取り組んでいる。だけど、仕事以外のことも大事にしているという、「バリキャリ」でも「ゆるキャリ」でもない人がたくさんいます。

結局、僕が言いたいのは「１００人１００通りでええやん」ということです。

女性だから「バリキャリ」か「ゆるキャリ」かどっちか選べ、なんてことはありません。

たしかに、出産というライフイベントがあるのは女性だけです。でも、男性だって子どもが生まれれば育休を取る時代だし、サバティカル休暇なんて考え方も出てきて、誰であれ、しばらく仕事を離れて会社では得られない経験をしてくることの価値が認

働く女性を対象にしたサイボウズの調査結果

あなたの仕事に対するモチベーションとは？

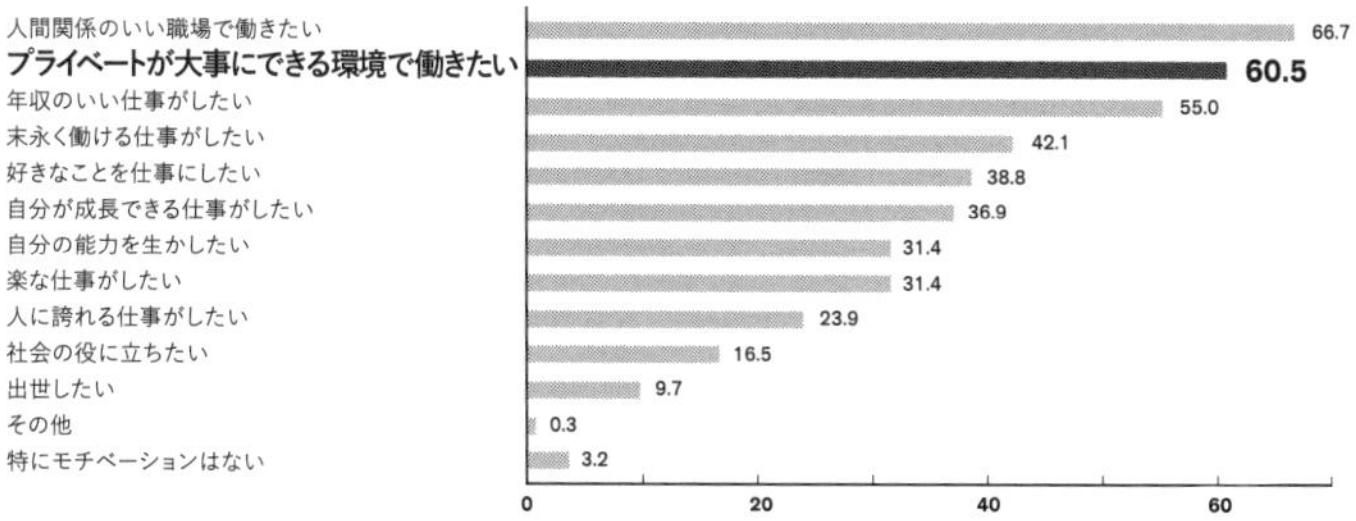

好感が持てるワードとは？

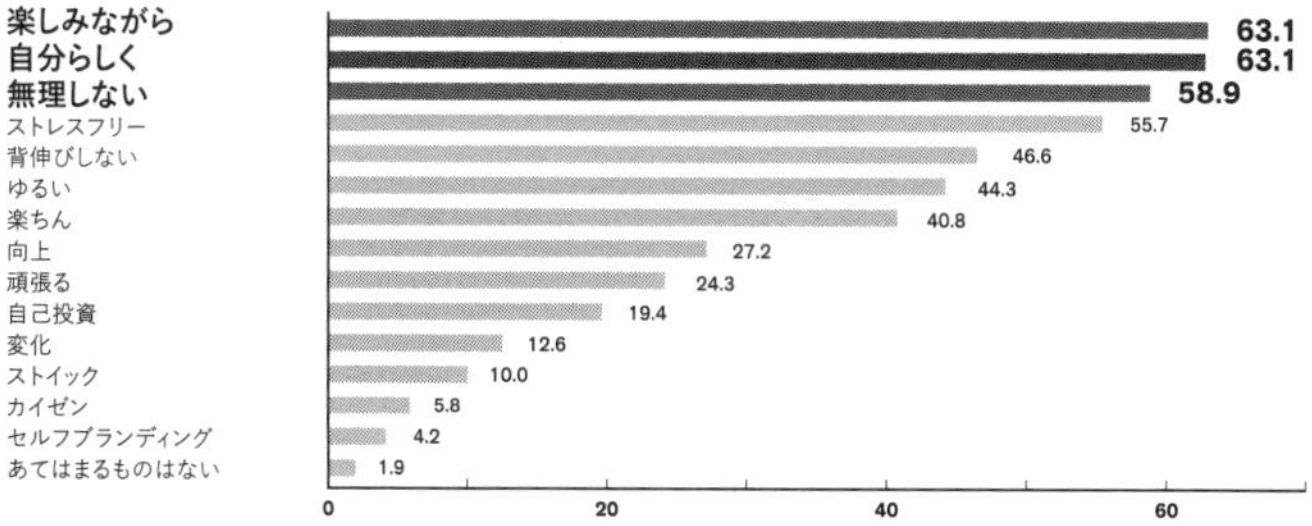

平日1日あたりの平均仕事時間はどれくらい？

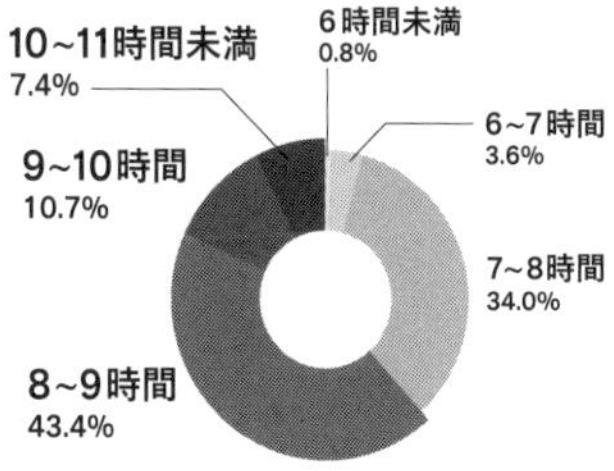

められるようになってきました。出産や子育てのためのブランクも個性の一つだと考えれば、その後のキャリアに活きてくるんじゃないでしょうか。

「一つの会社でフルタイムで働き続ける」ということ以外の選択肢が、性別にかかわらず増えてきています。そうなると、どんな働き方や生き方を選ぶのかはあなた次第。自由度が増える分、迷うことも多くなるでしょう。自分なりの基準や価値観をしっかりともつことが必要な時代です。そのためには、何度も繰り返してきた通り、「できること」や「ありがとう」と言ってもらえることに目を向けることです。**自分の基準というのは、周囲の声にそっと耳を傾けることで見えてくるのです。**

5 同期と比べて評価されていないのですが……

会社で評価されていないという状態は、「自分の価値が認められていない」「自分はこの会社にいていいのかな」という感覚につながってつらいですよね。だから、仕事をして誰かに「ありがとう」と言ってもらえることが、とても大事です。

でも、その「ありがとう」の量だとか言われ方だとかを、人と比べる必要はないんじゃないでしょうか。**自分は自分の仕事をやって、ちゃんと「ありがとう」と言ってもらえているだろうか――そこさえ気をつけておけば、同期と比べてどうかということは重要なことではないのだと僕は思います。**

もし「もっと評価されてもいいはずなのに、されていない」と感じるなら、自分が考えている仕事の価値と、会社やお客さんが求めていることとがズレている可能性もあります。「自分よりＡ君の評価のほうが高いのが納得いかない」という場合も、あなたには見えない価値が、Ａ君の仕事にはあるのかもしれません。

納得できないことがあれば質問してみましょう。そうしたら、あなたに見えていなかったズレがわかるかもしれません。逆に、見えていなかったあなたの価値に上司が気づいて、「たしかに、キミはＡ君と同じくらいの評価をするべきだね」という話になる可能性だってあります。

「聞いたって、ちゃんと説明なんかしてくれない。だって、明らかにえこひいきだから」という場合もあるでしょう。それならそれで、そういう上司に自分も評価されるようにがんばるのか、あきらめるのか、異動や転職を考えるのか、それもあなた次第です。これもやっぱり、自分が幸せになるための選択をしてほしいな、と思います。

コラム　周囲が変われば自分の強みも変わる！

評価されるためには、強みを備えなきゃ、とみなさんは考えているかもしれません。でも、がんばって新しいスキルを身につけて、新しい自分になろう、なんて考えなくてもいいと僕は思います。

頭がいい。話すのがうまい。柔軟性がある。リーダーシップがある。絵がうまい。ピアノが弾ける。足が速い。体力がある。――人にはいろんな「強み」があるものです。

多くの人は、その強みを世の中の基準に照らして評価しようとします。スコアの出るテストや資格試験を受けたり、なにかの大会に出たりして、自分の強みは世の中においてどのくらいのレベルであるかを確認し、一定以上であればそれを「強み」だと認識するけれど、一定のレベルに達していないと強みどころか「弱み」だと思ってしまったりします。

でも、本来の「強み」や「弱み」は相対的なものだと思います。具体的な比べる対象があって初めて、強いとか弱いとか言えるんです。

世の中の基準と比べて強いとか弱いというのは、理屈では正しいかもしれない。でも一方で、人は世の中の何万人の人と一緒に活動することはありませんよね？　ものすごく影響力があるような人になれば、そういうこともあるのかもしれませんが、普通の人はないはずです。僕も、そんな機会はずっとありません。

なにが言いたいかというと、強みや弱みを考えるときに大事なのは、「誰」

と比べるかということです。

その「誰」というのは、二通りあります。

一つは、自分自身。

自分の中で、比較的「得意だな」と思うことはなにか。それは、考えることかもしれないし、書くことかもしれない。それとも、話すことか、行動することか、などなど。

得意という言葉で選べなければ、「好きなこと」でも構いません。人は好きなことは結構がんばれたりします。だから好きなことと得意なことは似ている場合が多いものです。

これは決して世の中におけるレベルの話ではありません。あくまでも自分の中での比較で、自分がどう思うかだけ。他人は関係ないんです。

もう一つの比較対象は、自分が一緒に活動するメンバーです。

一流の大学で経済を勉強していたような人ばかりのチームで一人だけ、ペルシア語専攻だった僕は、経済の知識を強みにするのは無理です。でも、関西人であれば〝身だしなみ〟程度のお笑いのセンスが、そんな人たちの中では強みになるかもしれません。「めちゃくちゃおもしろい人」と思ってもらえたりして……。

つまり、世の中全体でのレベルはどうでもよくて、そのチームの中でほかの人より得意なのはなにか、ということです。

まずは、自分の中での強みや好きなことを認識する。そして次に、今いるチームの中での相対的に感じられる強みや弱みを考えてみる。そうすると、自分の強みが見つかるはずです。

強みを持つために新たなスキルを覚えたり、あなた自身が変化する必要なんて、実はあまりないんです。まわりの人との違いを認識するだけで、あなたは新たな強みを発見し、相対的に変化するのですから。つまり、チームのメンバーが変わったり、あるいは違うチームに入ったりして、周囲が変われば、自然に自分の強みも変わるんです。

6 会社を選ぶポイントは？

「あなたに是非きてほしい」と言ってくれる会社があるんだけど給料はそんなに高くない、すごく得意でやりたいことができそうな会社があるんだけどあまり伸びそうな業界ではなさそう、あるいは給料や福利厚生はバッチリだけどおもしろくなさそう……などなど、会社を選ぶときにいろいろ迷う人は多いと思います。

仕事に限らず、人間はやりたいことがたくさんあるものですよね。趣味も楽しみたいし、家族も幸せにしたい。だから、どこでどういうふうに働くか、なにを仕事にするかというのは、仕事そのものだけに注目するんじゃなくて、全体のバランスで考えるべきじゃないでしょうか。

全部を理想的に実現するというのはとても難しいから、なにかを選んだらなにかを捨てなければいけない。人生というのは基本的に選択の連続で、そのたびになにかをあきらめることになるんです。

たとえば、「子どもたちにこんな教育を受けさせてあげたいから、彼らが卒業するまでは給料のいい仕事を選ぼう」というのも、一つの選択です。自分でよく考えて選択したことなら、がんばることができるでしょう。でも、よく考えないでなんとなく「今より給料を下げるわけにはいかない」と、自分がやりたいことを我慢しているとストレスが溜まります。ひどいときには、「家族がいるから自由にできない」なんて家族のせいにしてしまったりします。

自分はどういう人生を送りたいのか、イメージした上で選択するのが大事です。そして、状況が許すなら、収入や雇用の安定よりも、自分の価値観に合う会社や、心に響く仕事を選ぶのがいいと思います。まずは入ってみて、ワクワクしなくなったら次に行けばいいんです。先に書いた通り、今はあなたができることを仕事にしやすい時代です。「この会社を辞めたら次がない」なんて恐れることはないのですから、どんどんチャレンジしてみればいいじゃないですか。

「自分の幸せ」をゴールに選択する

ここまでの内容を読んで、「山田さんの言うことはなんだかはっきりしないなぁ。もっとバシッと『こうすればOK！』と断言してくれればいいのに」と思った方もいるかもしれません。

スミマセン。バシッと言えないのは僕の性格でもあります。人に「ああせい、こうせい」と言うのは性に合わないんですよね……。

でも、みんなに「こうすべき」なんて断言できるような唯一の答えなんてない！というのは僕の信念でもあるんです。サイボウズの社員という限られた集団の中でさえ一つの正しい働き方なんてないと思っているから、「１００人１００通りの働き方」を本気で実現しようとしているんです。

僕にとって幸せな働き方や楽しい仕事と、あなたにとって幸せな働き方や楽しい仕事というのは同じではないから、あなたのことを僕が決めてあげることはできないのです。だから僕は、ひたすら「あなたが自分で決めていいんだよ」と言うんです。

「自分で決めていいよ」と言われても悩んでしまうのは、なにを基準に選べばいいのか軸が定まっていないからかもしれません。本当はこうしたいんだけど、それは会社のためになるのかとか、家族が許してくれるだろうかとか、あなたを迷わせるいろいろな事情や理由がありますよね。

でも、あなたの人生なのだから、「あなたが幸せになれること」を選ぶべきだと思います。そうしないと、つらくなったときには「会社のためにやってるのに」とか「家族のために我慢したのに」と人のせいにしたくなり、がんばり続けるのが難しくなってしまうでしょう。

もちろん、どの選択肢を選んでも大変なことはあるんです。まわりがあなたに期待してるのとは違う選択をすれば、そのためにつらく当たられたり、がっかりされたりもするでしょう。それでも自分の意見を貫くことが幸せだという場合もあれば、そこは自分の意思を曲げてまわりに合わせたほうが幸せでいられることもある。ケースバイケースだから、その都度考えて選ぶしかないんですよね。

ただ一つ僕が言えるのは、「自分の幸せを基準にしたらいいよ」ということです。会社員なのだから会社の言うことを聞かなきゃいけないとか、部下だから上司の言うことを聞かなきゃいけないとか、そんなことはないんです。会社の言うこと、上司の言うことに従って、それであなたが幸せになれると思うならそうすればいいし、ほかのやり方のほうが良さそうだと思うならそうしたらいい。あなたが決めて、決めたからには人のせいにしないでがんばる。そういう姿勢で、あなたなりの幸せに近づいていってほしいな、と思います。

第３章
もっと
楽しく働きたい！
でもこんな問題に
困っています
……。

【若手社会人との問答】

若手社会人

第２章に出てきた「質問責任」という考え方、すごくいいと思ったんですけど、僕の上司って質問しづらいんですよ。「つべこべ言わずにやれ！」とか「そんなこともわからないのか！」とか怒られそうで……。

山田

ああ、そういう人いるねぇ。

若手社会人

それでも勇気を持って質問するのが、できる社会人への道なんですかねぇ。

山田

いや、質問しない権利もあるからね。疑問に思っても黙っているという選択もあるんじゃない？

若手社会人

そうなんですか⁉

1 私の上司は質問しづらい

良かれと思って質問したり意見したりしたのに「文句を言うな！」と怒ったり、「わからないことがあれば聞いて」と言ったくせに質問にちゃんと答えてくれなかったり、そういうことってありますよね……。

だって、いくら「説明責任」があると言ったって、相手の理解を得るまでちゃんと説明するのって大変ですから。僕も、説明しても「それはどういう意味ですか？」とさらに突っ込まれ、「その回答はおかしいですよね？」と窮地に追い込まれる……みたいな経験、何度もあります。

だけどサイボウズでは、経営者やマネジャー陣がその大変さを引き受けて、なるべく誰もが気兼ねなく質問してくれるような風土をつくってきました。長い目で見ればそのほうがラクだからです。

私たちに超能力があってみんなの疑問や不満を見抜くことができれば、先回りして説明することができるのですが、そんなわけにはいきません。リーダーは必要なことを説明しているつもりなんだけど、メンバーのほうは納得できていなくてモチベーションが上がらないとか、最悪の場合は不満を溜め込んだ挙げ句に辞めてしまうということが起こりがちです。「辞めます！」と言ってきた人に理由を聞くと、「なんだ、そんなことなら早く言ってくれればよかったのに！」ということも多いんです。

逆に、みんなが疑問や不満に思っていることを自発的に教えてくれるようになれば、説明したり話し合ったりして、最悪の事態になることを防ぐことができます。

だからサイボウズでは、「あなたには『質問責任』があります」と自覚を促し、質問が出てくれれば「責任を果たしてるね！」と評価するようにし、質問の飛び交う雰囲気をつくってきたのです。

ただし、メンバーには「質問しない権利」もあります。ちょっと「変だな」ということがあっても黙って従っておく――それも一つの選択だからです。

ただし、質問責任を果たさずに勝手にルールを破ったり、陰でグチグチ言ったりするのはダメ。サイボウズのメンバー同士は、飲み会中であっても会社の愚痴を言ったら「質問責任果たしてない！」と突っ込まれるんです。真面目ですね（笑）

あなたの上司が質問を歓迎しない場合、その人はメンバーが質問責任を果たしてくれることの良さを知らないんですね。もったいないなぁ、と思います。でも、そういう人に「質問責任」と「説明責任」の話をして理解してもらうのは難しいです。あなたにできることは、次のようなことじゃないでしょうか。

1 それでもがんばって質問する
2 質問せず我慢する
3 同じ質問をしたい人と協力する
4 質問しづらいけどどうしたらいいか、上司に相談する

突っぱねられてもごまかされても、納得いくまで質問するエネルギーがあれば、1もいいでしょう。でも、毎回これだと疲れますよね……。我慢できることであれば、2でもいいと思います。

一人で質問して相手にされなくても、「同じ疑問を持っているメンバーがたくさんいる」とわかれば、上司も「マズいな」と気づくかもしれません。ほかの人の共感も得られそうな内容なら3はどうでしょう?「僕たち、ここに疑問があって、こういうふうに考えたんですけど」と「みんなの意見をまとめました」という形で言ってみるとか、一人が質問したら「私もそこ、疑問でした!」と援護射撃をしてもらうとか、

いろいろ方法が考えられるんじゃないでしょうか。

３は仲間が見つからなければできないし、１や２は頻度が少ないならいいけれど、何度も積み重なっていくとストレスになるでしょう。「いつでも質問しやすい雰囲気だったらいいのにな」と思うなら、４の方法もあります。

「僕は、疑問があれば質問したほうがいいと考えているんです。でも、質問しづらいんですよね」というところから、**「質問ができるほうがいいのはなぜか」「なぜ質問しづらいのか」「上司にとって受け入れやすい質問の仕方はどんなものか」**といった話ができるかもしれません。

2 リーダーとしてチームの雰囲気を良くしたい

これを読んでいる人の中には、チームのリーダー役を任されていて「自分のチームは質問しやすい雰囲気になっているかな?」と考えた方もいるかもしれませんね。もしかしたら、質問どころか雑談すらもないくらいチームの雰囲気が良くない、と悩んでいる人もいたりして……。

実は僕、『最軽量のマネジメント』(サイボウズ式ブックス)という本を出しているんです。悩めるリーダーの方は、ぜひそちらを読んでください。

——と、これだけで終わるとこの本の編集者さんに怒られそうだし(笑)、みなさんにもがっかりされそうなので、一つポイントをお伝えします。それは、「リーダーに求められることを、自分がすべてできなきゃいけない」とは思わないことです。
リーダーというのは「役割」であって、「地位」でも「称号」でもありません。あなたは別に偉いわけじゃないんです。それなのに、「リーダーなんだから」という意識で指示したり管理したりしようとすると、メンバーとの関係がギクシャクする可能性が大です。チームのメンバーにはそれぞれの個性と役割があって、みなさんよりも経験のある人もいれば、経験は少ないけれど貴重な個性を持っている人もいるでしょう。それぞれのメンバーに敬意をもって接しましょう。

そして、リーダーの「役割」とは、チームが「やるべきこと」をちゃんとできるようにすること。その方法に決まりはありません。

チームとしてなにをやるべきかの意思決定と、その実行の責任はリーダーにありますが、だからといって一人でやらなきゃいけないわけではないんです。まずはリーダーがチームで実現したいことを言葉にし、それからメンバーに「あなたはどう思う？」「これについて知ってる？」と意見を聞く。それをよく聞いて、リーダーがまた自分の思いを語る。そして意見を聞く。それを繰り返していくんです。

そして、自分よりもメンバーが得意なことがあれば、「これ、やってくれない？」と、どんどん頼ればいいんです。

「質問責任を果たしてね」というのも、ある意味メンバーに頼るということですよね。
そして、「みんな、質問しにくいと思ってないかな？」とか、「なんだかチームの雰囲気が悪いな」と心配になったら、そのこと自体をメンバーに相談してみたらどうでしょうか？

コラム　サイボウズ開発本部に「部長」がいなくなった話

先ほど、「リーダーの『役割』とは、チームが『やるべきこと』をちゃんとできるようにすること。その方法に決まりはありません」と書きました。

これをもっと突き詰めると、チームとして「やるべきこと」がちゃんとできるのであれば、「リーダー」みたいな決まった役割さえいらない、とも考えられるんです。

実際、サイボウズの開発本部は２０１９年から「部長」という肩書を持つ人がいなくなりました（本部長はいます）。

それまでは、開発本部の中に「東京開発部」「西日本開発部」「東京品質保証部」……といった拠点と職種によって分かれた部署があり、それぞれに部長がいたんです。そして各部署から、「kintone」「Garoon」「サイボウズOffice」といった製品ごとに担当者がアサインされ、それぞれの製品の開発を、部署をまたがってやっていました。

拠点・職種別の部署にはメリットもあるのですが、最近はやりにくい部分が目立ってきていたようです。「それなら組織の形を考え直そう」ということになり、「そもそも開発本部は何を目的に活動するのか」といった根本的なところからいろいろ議論を重ねた結果、開発本部の直下に製品ごとのチームが並ぶ形になり、それと同時に「部長」がいなくなったのでした。

「部長がいなくなった」というのは、「それまで部長がやっていた仕事が不要になった」ということではありません。じゃあその仕事はどうしたのか

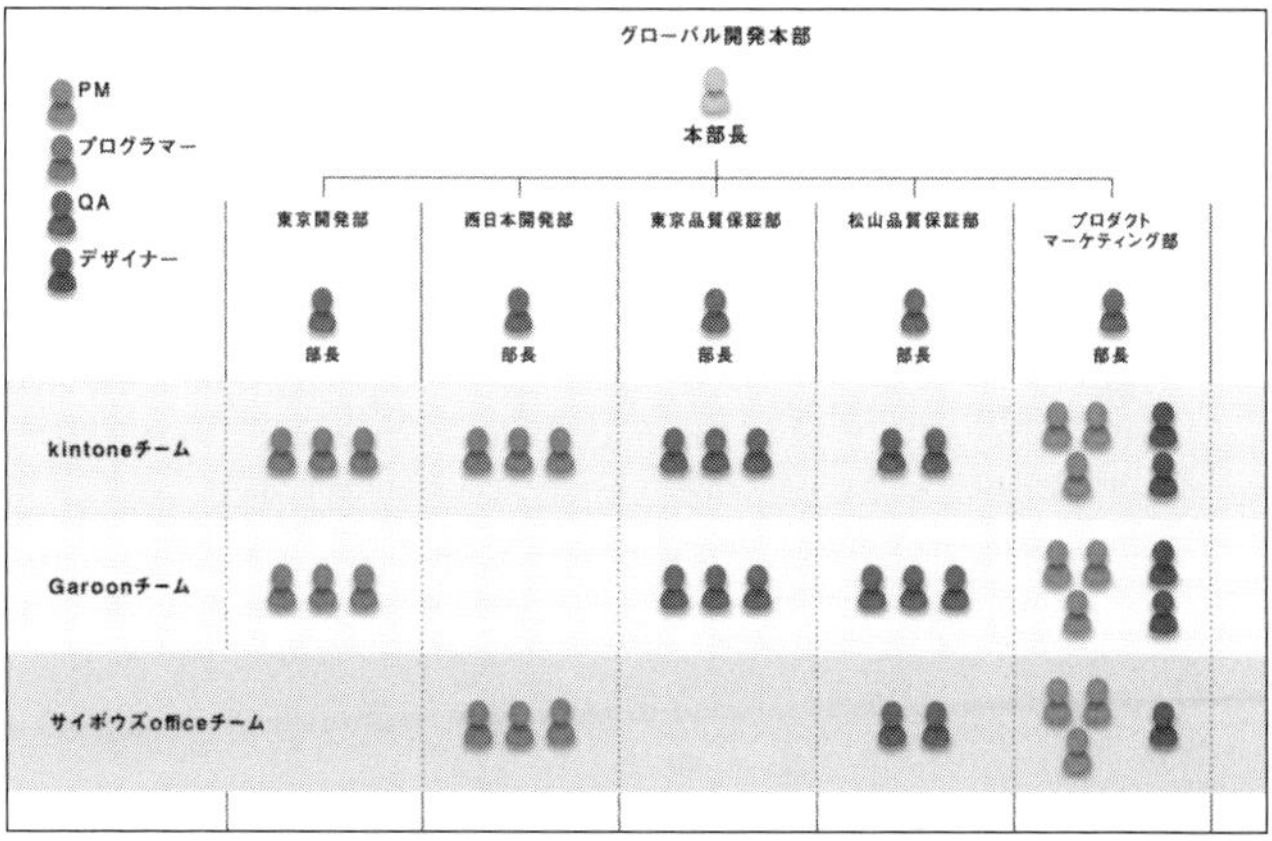

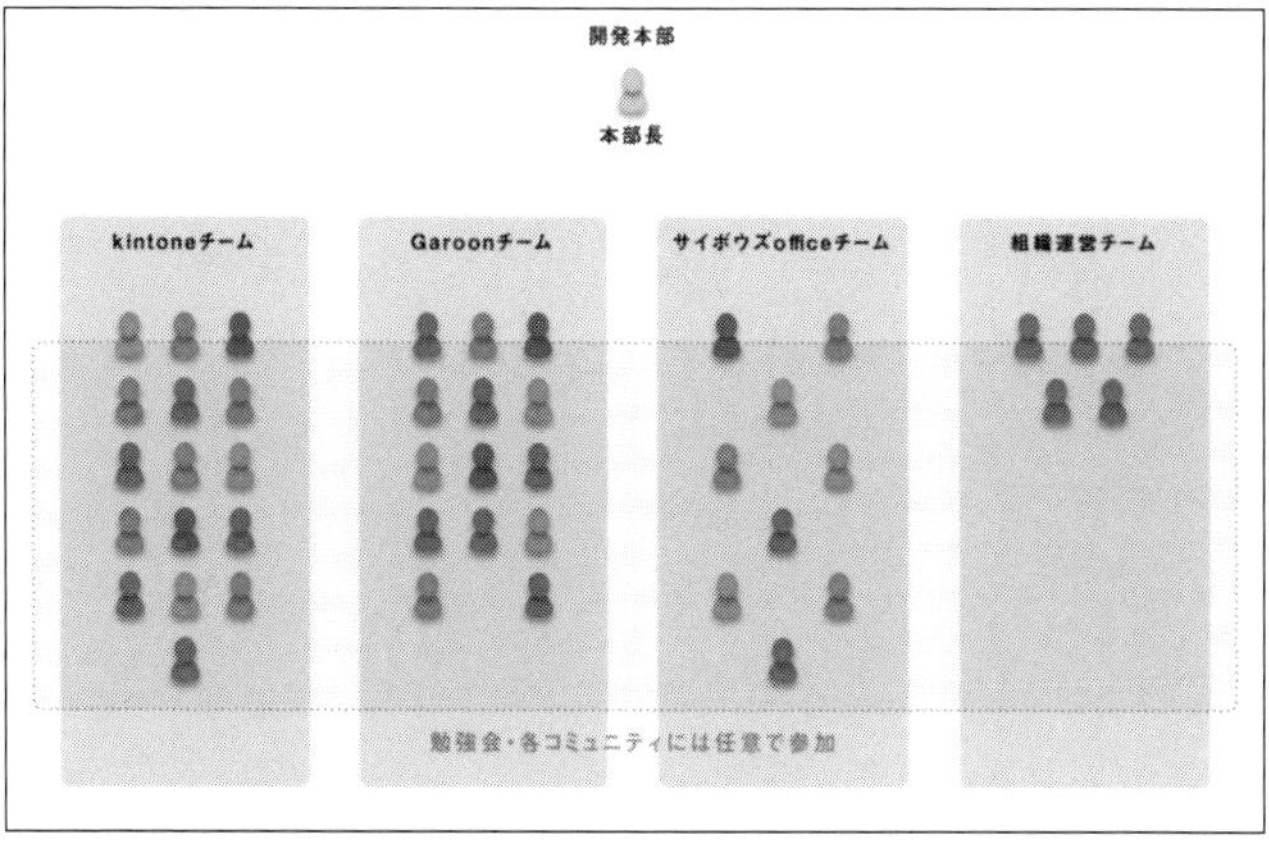

サイボウズの新しい組織図

というと、部長ではない人たちに分散させたのです。

部長がやっている仕事って、とても多岐にわたります。開発本部では、それらを一つ一つ洗い出し、委任できる先を整理していったのです。その結果、各製品の開発に関わる予算の管理や作業の承認、メンバーの勤怠管理、中途採用などはチームに役割が委譲されました。

「部長というお目付け役がなくなって、チームが勝手に決められるようになったらやりたい放題やん！」と思う方もいるかもしれませんね。サイボウズの場合、情報の透明性が〝歯止め〟になっています。「公明正大」ということをとても大事にしていて、誰がどんな経費を使ったかも社内ではみんなにオープンになっているので、悪いことはできないのです。それに、製品の開発にかかる経費についてその必要性の有無を判断するといったことは、拠点・職種別の部署の部長よりも、その製品の開発チームのほうが早く正しくできる可能性が高いでしょう。

部長の役割には、将来的なキャリアやメンタル面も含めてメンバーをサポートしたり育成したり、ということもあります。そういう役割の一部はメンバー本人に「自分でなんとかせい！」という形で任せ、一部は「組織運営チーム」という新たにつくった専門チームで担うようになりました。

たとえば、最近は「1on1」といって、上司とメンバーが定期的に個人面談をして相互理解を深める時間をとる会社が増えていますが、サイボウズでも「ザツダン」とよぶ個人面談を頻繁にやっています。部長をなくした開発本部では、部長に限らず相談したい相手とザツダンしたり、チームメンバー複数人と話す「1onN」という形に発展したりしています。

また以前ならメンバーがどれだけ成長したかは部長の責任、という面がありました。だから、部長からメンバーに「こういう研修を受けたら?」とか「こういうスキルを身につけよう」と声をかけたりする必要があったのです。

でも組織変更後の開発本部では、成長は本人の自己責任になりました。テーマごとに勉強会のコミュニティを作り、メンバーが自分で参加したいコミュニティに入って自主的に学んでいく形をとったわけです。組織運営チームは、メンバーの主体的な成長を支援する立場として、学びの機会や制度を整えているのです。

新卒採用や給与評価については、新たにできた組織運営チームが担うことになりました。このチームには、組織変更前に部長だった人が多く所属しています。それまでは部長として一人でやっていたことを、ほかの元部長たちと共同でやっているのです。同じ部長でも、それぞれ得意不得意がありますから、チームになってそれぞれの強みを生かせば、より良い仕事ができるでしょう。

開発本部でこのようなやり方が始まって1年あまりですが、試行錯誤しながらも今のところうまくいっているみたいです。もちろん、うまくいかないことも出てくるとは思いますが、そのときはまた新しいやり方を考えていくのでしょう。

こういうやり方を知ると、リーダーだから、マネジャーだからと、なんでも一人で背負う必要はないんだな、と思えてきませんか？

3

社内の雰囲気が悪いのをどうにかしたい

リーダーじゃないんだけど、自分が所属しているチームの雰囲気をもっと良くしたいと思っている人もいるかもしれません。

そういうときも、自分一人でなんとかしようとせず、まずはみんなに「もうちょっと雰囲気が良くなるといいと思うんだけど……」と言ってみましょう。リーダーも含め、みんなが「そうそう！」となれば、改善に向けて動き出せますよね。

逆に、みんなは問題だと感じていないようならば、変えることは難しいでしょうね。それでもあきらめきれないなら、問題を提起して議論してみましょう。

こういう議論をするときのポイントは、二つあります。**一つは、できるだけ事実をベースに話をすること。**漠然と「雰囲気が悪いです」と言うのではなく、具体的に「こういうところが問題だと思うから、こうしたほうがいいのでは？」と投げかけてみるのはどうでしょう。「雰囲気は別に悪くないんじゃない？」と思っていた人も、「出勤してきたときに挨拶しないのは良くないんじゃない？」みたいな話であれば、「そうだね」と言ってくれるかもしれないし、「別に問題じゃないと思う。なぜなら……」と別の見方を教えてくれる人が出てくるかもしれません。

もう一つのポイントは、密室で限られた人と話すのではなく、オープンにやることです。

サイボウズであれば、質問は社内の誰もが見られるグループウェア上に書き込まれます。そうすると、誰がどんな疑問を抱えていて、それに対して説明責任のある人がきちんと答えているかが見えるようになります。やり取りの内容を見て、「それはこう考えたらいいんじゃないの？」と別の人が割って入っていくこともしょっちゅうです。そういうやり取りがあって、最終的に「サイボウズという会社では、これが答えかな」というところまで話が収束していきます（収束しないこともあります。それでも、会社の中にこれだけいろいろな考えの人がいるんだな、ということが可視化されることに意味があります）。上司と部下が密室で話をしていたら出てこない結論や視点が、オープンに議論することで見えてくるのです。

4

残業するなと言われるけれど、仕事が終わりません

働き方改革で「残業するな」というのも、もともとの意味は「仕事ばかりしてほかのことをする時間がない状態では、幸せにはなれないよね」ということだったはずです。

残業をしなくなったら、それまで残業してこなしていたのと同じだけの仕事はできなくなります。それまでの仕事に無駄があったのなら、やり方を変えて効率化することはできるでしょう。それでも以前と同じように成果が上がる保証はありませんが、**「社員がもっと幸せになれるように」ということが目的だったら、会社の売上が多少落ちたって社員が幸せに感じることが大事なはずです。**

でも、世の中には目的がはっきりしないままに「残業をやめよう」と言っている会社も多いですよね。そういう会社の社員は、「残業するな」ということと「これまで通りの成果を出せ」ということを同時に言われて困ってしまうわけです。

「残業するな」と言われているけれど仕事が終わらないという場合、あなたが選べる選択肢は次の4つではないでしょうか。

1 仕事を残して帰る

2 残業して仕事を終わらせる

3 持ち帰って仕事をする

4 上司に相談する

1と2はどちらも会社側の要求に反しているので、あなたの評価は上がりません。3は、会社のために自分を犠牲にしているように見えて、本当は対処すべき問題を隠している。長い目で見れば、会社にとって良くないことをしていることになります。

正攻法は４でしょう。あなたの上司は、あなたにとって残業なしでは終わらせることのできない仕事をお願いしているのです。これは上司のマネジメント能力不足だから、相談したところで、上司も簡単に対処できるわけではないでしょう。**それでも、「これは残業しないと終わりません」と正直に言って、上司のマネジメント能力不足をどうすれば解消できるか、一緒に考えてあげるのが、部下としてできることではないでしょうか。**

5 上司とソリが合いません

もし、上司とソリが合わなくて悩んでいるなら、然るべき人に相談してみたらいいと思います。

「然るべき人」というのは、課長に対しては部長、部長に対しては本部長、本部長に対しては社長など、あなたの上司に対して指示をする権限のある人です。

それ以外の、たとえば隣の部署の部長とか仲の良い先輩なんかに一生懸命訴えたところで、共感して慰めてくれたり、ちょっとした付き合い方のコツなんかは教えてくれたりするかもしれないけれど、根本的な解決には至らないでしょう。愚痴を聞かされるほうも大変ですしね。

「この状況をなんとかしたい」と思うなら、誰にどういう権限があるのかを認識した上でコミュニケーションしたほうが、早く解決に近づけるはずです。社長に言ってみて、「いやいや、キミが会社のカルチャーに合ってないのであって、上司は悪くないんじゃない」と言われたら、「あ、そうなんですね」と潔く会社を辞めればいい。

逆に「それは上司の問題やね」と判断されることや、「お互いのコミュニケーション不足じゃない？」と指摘されることもあるかもしれません。意思決定権のある人がその状況を把握したら、上司に指導するなりあなたを異動させるなり、なんらかの対応をするはずです。

ちなみにサイボウズでは「質問責任」という考え方が浸透しているので、みんなが自分の考えや疑問をオープンに表明します。不満についても、僕は社員に「なにか思うところがあれば、日報でもツイッターでもいいからつぶやいて」と言っています。

「上司とうまくいってなくて、こんなことに腹がたつ」みたいなことを日報のアプリに書けば社内の全員がそれを見ることができますから、上司も放っておくわけにはいきません。上司と本人の間でうまく関係修復ができなければ、その上の意思決定者や人事が入ってサポートしたり、最終的には異動を決めたりしています。

コラム　フラットな組織ってどんな組織やと思う？

「上司との関係を相談するなら、さらにその上の上司に」なんて言うと、「山田さん、やっぱり昭和な上下関係が好きなんですね……」と、ガッカリする人もいるかもしれませんね。

または「あれ？　サイボウズって上下関係のないフラットな組織だと思ってたんだけど……」とびっくりされるかも？　「はじめに」では、新入社員が僕のツイッターのプロフィール写真にダメ出しした、なんてエピソードも紹介しましたしね。

たしかに、サイボウズはフラットな組織を目指しています。最近では

２０１８年に日本語訳が出版された『ティール組織』（フレデリック・ラルー著　英治出版）に描かれている組織のあり方に共感し、「サイボウズもティール組織に近いです」と説明することもあります。

会社の中の人間関係も、年次や役職や立場にかかわらず、なんでも言いやすい関係にあります。

そんなこともあって、組織の形も上下関係がないんじゃないかと誤解されることがあるのですが、そうではありません。**サイボウズでフラットなのは、「情報共有の仕方」なんです。社長でも新入社員でも、会社の情報はほぼ同じように自由に知ることができる、ということです。**

その上で、誰がなにについて意思決定をして責任を持つかという点では、ヒエラルキーがあります。それは、そのほうが効率的と今は考えているからです。

もちろん、細かなことまでなんでも部長の判断が必要だとなると、効率は悪くなります。だから、マネジャーやリーダーはなるべくメンバーに権限委譲します。ただし、権限委譲しても最終の責任を取るのはマネジャーやリーダーです。

「これはキミがやって。失敗は許されないから頼むね！」と丸投げするのではなく、「失敗しても最後は僕が責任取るから、自分で考えてやってみて！」と任せて見守る感じですね。責任が取れる範囲で任せれば、任せた側は余計な口出しをしなくて済むし、任せられた側も必要以上に上司の顔色をうかがわずに思い切りチャレンジができて、とても効率よく物事が進むのです。

マネジャーやリーダー自身が判断するときも、それが絶対の正解という

わけではありません。メンバーが「おかしいな」と思えば質問責任を果たし、それを受けて決定内容を変更するのもアリです。

質問するには、材料となる情報が必要です。昔のフラットじゃない組織というのは、役職が上がるに従って、たくさんの情報を握ることができるというものでした。ヒラ社員には見えない情報がたくさんあるから、上司の判断を「おかしいんじゃないですか？」と指摘しても、「キミはなんにもわかってないんだよ。私の判断に黙って従いなさい」なんて突っぱねられてしまうと、反論できなかったのです。

会社という形態がどんどん刷新されるぐらいにスピード感のあるこれからの社会では、情報を共有せずに独占することにまったくいいことなんかありません。会社にある情報を社員のみんなとシェアして、仕事を進めていく。実際、今のサイボウズはみんなが平等に情報をもっていて、かつ遠慮なく質問しあえる関係ができています。つまり「情報はフラットに、関係はフランクに」。そういう土壌があるからこそ、ヒエラルキー構造でも効率がいいと言えるのです。

6 コミュニケーション力って必要？

将来、会社という制度がなくなっても「チーム」はなくならないでしょう。サイボウズも「チームワークあふれる社会を創る」という理念を大事にしています。

「チームワーク」というと、どんなものを想像しますか？　「一致団結」みたいな状態とか、あるいは「みんなが仲良しで、いつも和気あいあいとしている」とか思われるかもしれませんね。

でも、僕らが考えているチームワークって、そういうのとは違うんです。

昔はサイボウズも、社員に「一致団結」みたいな文化を求めていたことがありました。最初のころはバリバリのベンチャー文化にどっぷり浸かってましたから、まだ10人ちょっとの会社なのに「マイクロソフトやグーグルを追い越して世界一になるぞ！」とぶち上げて、「そのためには、休んでなんかいられるか！」と、働きまくっていたんです。休日出勤も当たり前でした。「サイボウズで働いている人が全員、目標にむかって全力でがんばる」みたいな価値観でみんなを働かそうとしていたんです。当時はそれを会社の一体感だと思っていたところもありました。

社員にはとにかく成長とスピードを求め、相対評価で下から2％の人には「ついてこられない人は辞めてください。成長できる人だけ残ってください」と言っていました。つまり、会社のために寝る間も惜しんで働けるような人だけを、チームのメンバーだとみなしていたんです。

会社が成長を続けていたときは、こういう状態に疑問を持っていませんでした。ベンチャーなんだからこれが普通だ、くらいに思っていたんです。

でも、ＩＴバブルがはじけて僕たちの業績も頭打ちになると、がんばってもがんばっても成果が出ない。それでもがんばり続けられる人は少ないですから、人はどんどん辞めていきます。最悪なときは離職率が28％になりました。

これではマズい。みんなが辞めない会社にしなければ。そのためには働きやすい良い会社にしなければ――そんな話を社長の青野さんとして、僕は今の「１００人１００通りの働き方」につながる改革を始めました。

会社を良くするために、僕が最初にやったのは社員との「ザツダン」です。というのも、だんだんと会社が大きくなり、事業部別に仕事が進むようになると、僕がコミュニケーションするのは事業部長など、限られた人たちだけになります。社員一人一人のことが見えなくなっていたのです。

みんなが働きやすい会社にするには、みんなのことをもっと知らなければ――そう考えた僕は、約90人のチームメンバー全員と話をすることにしました。みんなに1ヶ月に30分、僕と話をする時間を取ってもらって、半年ほど毎日社員と「ザツダン」を続けたのです。

「ザツダン」というのは言葉の通り雑談に近いもので、特に議題を決めず、その人がモヤモヤしていることややりたいこと、得意なことなどを話してもらいます。それによって、僕は社員一人一人の個性やなにがモチベーションになっているのか、といったことを知っていくのです。

「ザツダン」を続けていくと、なにを幸せだと思うのか、会社でどんなことをやりたくて、どんな働き方をしたいのかは、社員一人一人でまったく異なるものだ、ということが見えてきました。

会社の仕事に１００％没頭したい人もいれば、趣味や子育ての時間を大事にしながら働きたい人もいる。それなのに全員に１００％のコミットを求めていたら、どんどん辞められてしまうのは当然ですよね。持続的に理想を目指していくには、１００％コミットしてくれる人だけではなく、いろんな距離感で関わってくれる人たちを巻き込んでいかなければいけないと気づいたのでした。

80％の人も50％の人もいてもいい。いったんは会社を離れて0％になってもいつか戻ってくる可能性があるならつながり続ければいい。そういうふうに考えて、「１００人１００通りの働き方」が実現していきました。また、正社員だけでなく複業メンバーやフリーランスの人も含めてチームをつくれるようになったんです。

昔は会社組織が「家族」にたとえられることもありました。「従業員は家族だと思って大事にしています」なんていう経営者も多かったんです。そんなイメージがあるから、職場はいつも楽しい雰囲気でみんなが仲良しなのがいい、というふうに思われるのでしょう。でも、そういうのが苦手な人は、別に無理してニコニコ親しくする必要もないんじゃないでしょうか。

もちろん、一般的には職場はギスギスしているよりも楽しい雰囲気のほうがいいでしょう。チームにムードメーカーみたいな人がいると助かりますね。でも、それは得意な人に任せればいい。**コミュニケーション力でチームに貢献する人もいれば、それ以外の力で貢献する人もいる、それだけのことです。**これからのチームにおいて大事なのは、自分の個性をいかに発揮して、チームの理想に貢献するか、ということなんです。

コラム　「ザツダン」ばかりの日々でわかったこと

「ザツダン」を始めたころ、僕のスケジュールはほとんど「ザツダン」で埋まっていました。

当時の僕は、「サイボウズ Office」と「Garoon」というふたつの製品を統括する「エージェント事業部」という部署の事業部長になったばかりでした。事業部長が毎日ザツダンばっかりしてるってなんやねん!?　という感じですが、正直言ってそれぐらいしかできることがなかったんです。

その事業部は、もともと製品別に分かれていたチームを一緒にしてつくった部署で、事業部長である僕のもとには開発部長、マーケティング部長、営業部長……などなど、機能別の責任者がいました。僕はほかになり手がいな

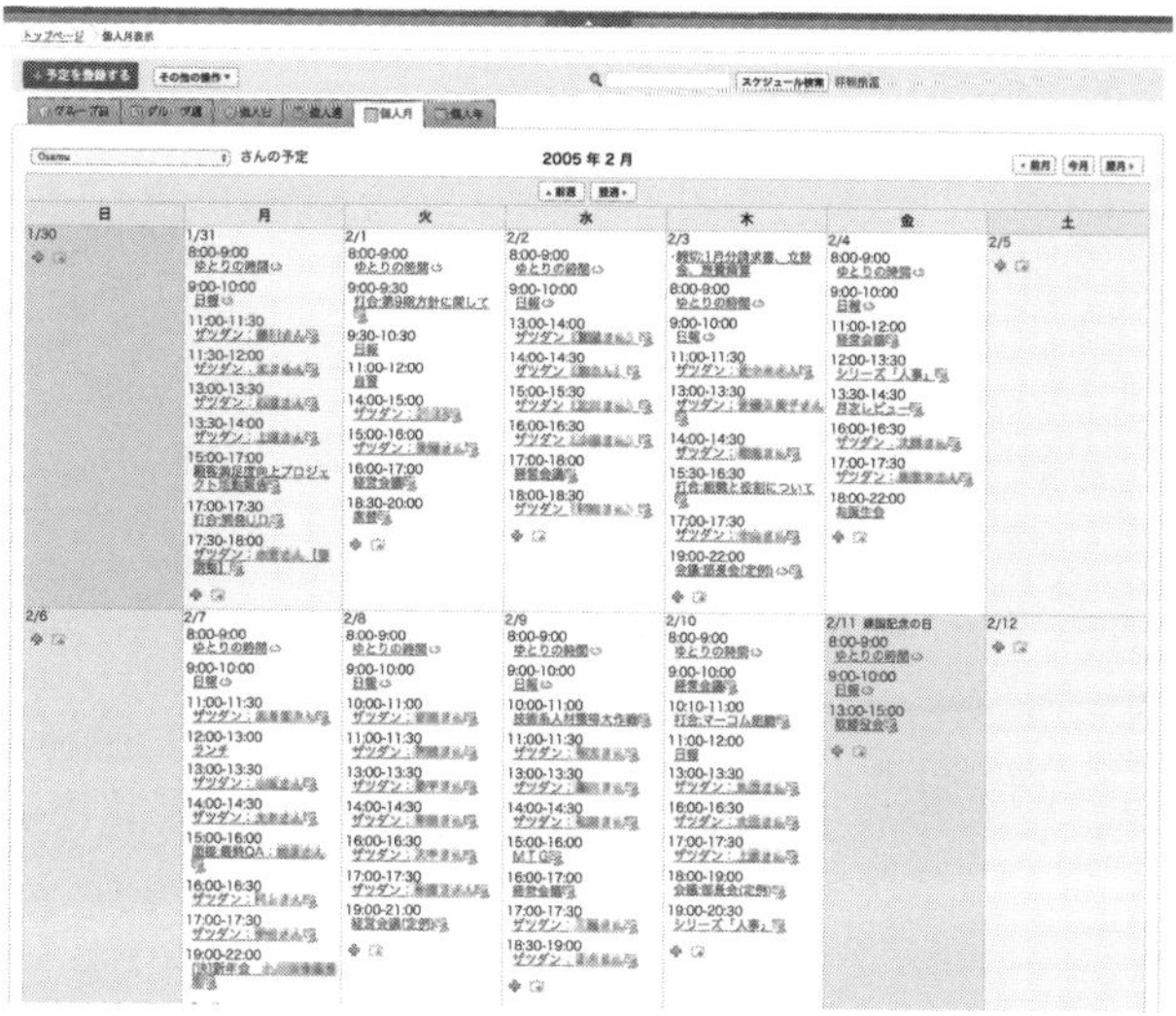

当時のスケジュール

かったから仕方なく事業部長になったけれど、その前は人事とか経理財務だとかの管理部門の責任者をしていたんです。製品を開発して売っていくという具体的な仕事においては、僕以外の各部長のほうがよくわかっているから、僕がお役に立てることがありません。

事業部長になったからにはそれらの知識を身につけ、的確な指示を出せ

るようになるぞ！　とがんばる方向もあったけれど、僕はそれを選ばなかった。そういうのはあきらめて、できる人に任せよう。きっとそのほうがうまくいく、と思ったんです。

それでしばらくはヒマで、事業部内で誰も担当していない仕事、社員同士のもめごとの対応なんかをしていました。当時はまだ社内の人間関係がギクシャクしていて、よくあちこちで対立が起きたり、不満が吹き上がったりしていたんです。

なにか起きるたびにその当事者の話を聞くのですが、よく出てくるのが「営業部のみんなが～」とか「開発のメンバーが～」とか、具体的な誰かというよりは「みんな」とか「あの人たち」に対する不満とか疑問なんです。「そのみんなって誰？」と聞いて「Aさん」と出てきたら、そのAさんに話を聞いたり、ほかの人に「Aさんって、〇〇なん？」と聞いたりしてみる。

そうすると、本人たちにもよく見えていなかった事実がわかってきたりして、問題が解決しやすくなりました。

つまり、会社内で起きているもめごとや不満というのは、部署や職種の壁に隔てられてお互いのコミュニケーションがうまくいってなかったり、仕事で関係する相手のことをよく理解できていなかったりするから起きていることが多いのかも、と気づきました。

じゃあ、事業部のメンバー一人一人がなにを考えているのか知るために、全員と話をしてみよう——そう考えて始めたのがザツダンだったのです。

当時事業部には90人くらいのメンバーがいましたから、彼らと個別に毎月30分ずつ話そうとすると、１日に４～５人と話し続けることになり、僕のカレンダーが「ザツダン」という予定で埋まったというわけです。

もちろん、事業部長がいきなり「ザツダンしよう」と言っても、誰もがすぐに心を開いてくれるわけではありません。最初から本音を話してくれる人なんて、むしろ少数派でしょう。だから、毎月1回のザツダンを半年くらい繰り返し、根気強く話を聞くようにしました。「最近どう？」「今はなにをしてるの？」「困ってることない？」などと「なんでも話してくれてＯＫ」という態度で聞き続けていると、だんだん思っていることを話してくれる人が増えてきました。あるメンバーの話から、別のメンバーが悩んでいるかもしれないな、といったことに気づいたりもします。だから、一部の人でなく、全員の話を聞くことに意味があったんです。

続けていると、ザツダンの時間を楽しみにしてくれる人もいれば、何度やってもいやそうな人もいます。それは仕方ないですよね。僕だって、誰とでも相性がいいわけじゃないです。そういう距離感の違いも含めて、**同じサ**

イボウズの社員といってもひとくくりにしてはいけないんだな、一人一人が違うんだな、ということを実感できたのが、僕にとってのザツダンの最大の効果でした。

自立に不可欠な「質問責任」

ここまで何度も「質問責任」という考え方を紹介してきました。「新入社員でも誰でも、疑問に思ったことはなんでも質問できる」と言うと、メンバーは言いたい放題で、経営者やマネジャーがメンバーに対してとても気をつかっている会社、というイメージを持たれるかもしれません。

実際、サイボウズはそういう面もあって、マネジャーはつらいです（笑）。ただ、「質問責任」というのは「責任」という言葉がくっついているだけあって、メンバーの側にも厳しい面があるのです。

わからないこと、納得できないことがあったら質問する――これを裏返せば、質問しないのは理解している、納得していることとみなされるわけです。だから、会社のルールに納得いかないからといって黙って勝手にルールを破ったりすれば、厳しく追及されます。プロジェクトがうまくいかなかったときに、「僕はあんなやり方うまくいかないと思っていたんだよ」などと後から批判するのもダメです。そう思っていたんなら先に言うべきで、言わなかったのなら同罪だ、というわけです。

「質問責任」というのは、「なんだかよくわからないけど、上司が言ってるから従っておこう」という態度を許さない。つまり、メンバーが自分で考えて納得した上で、自分の行動を選択できるようにするための原則でもあるのです。

僕は、個人の幸せとチームとして成果を上げること、この二つを両立させるのに欠かせないのが、メンバーの自立だと考えています。

「自立」というのも誤解を生みやすい言葉かもしれません。それは、なんでもかんでも一人でできるようになろう、という話ではありません。わからないことや不安なことはちゃんと聞く、できないことがあれば「できないんです。助けてもらえませんか？」と人に頼る。これも自立のあり方です。

お互いに質問し合えたり、頼り合えたりできる自立したメンバーが集まったチームは強いチームになるし、メンバーも前向きに仕事ができるはずです。

第４章

そもそも、働くことの根本的な意味とは？

【若手社会人との問答】

若手社会人

山田さんは、アメリカのサイボウズの社長もされてるんですよね。アメリカの働き方とかキャリアの考え方って、どんな感じですか？　なんとなく「厳しい世界」というイメージなんですが、これからは日本の働き方も、アメリカっぽくなっていくんでしょうか？

山田

うーん、たしかに「日本もアメリカみたいにならなきゃ」と考えている日本人は多いけど、僕はそうは思われへんのよね。アメリカでも、若い人はこれまでのアメリカ式のやり方とは違う方向にいき始めてるしね。

若手社会人

そうなんですか？　詳しく教えてください！

1 アメリカと日本、働き方の違いは？

会社と個人の関係は、アメリカと日本では大きな違いがあります。

アメリカのそれはかなりドライなもので、社員はいつ首を切られるかわかりません。だから会社には頼らず、自分のキャリアも生活も自分の力で守っていかなければいけない――それがアメリカの常識です。新卒一括採用という制度もないですから、インターンシップをしたり契約社員として簡単な仕事をやったりしながら自分で経験値を上げていき、転職しながらキャリアアップをしていきます。

もちろん、すごく優秀な人は最初からマイクロソフトやグーグルみたいな会社に入ることもありますが、多くの人は自分でキャリアアップの道をつくっていく、というのがアメリカの働き方です。

日本の場合は、みなさんご存じの通りです。新卒一括採用で未経験の状態で会社に入り、（実際は〝終身〟ではないですが）終身雇用という前提で会社が社員の長期的なキャリアを計画し、必要な経験を積ませるのが、これまでのあり方でした。

そういう制度だったから、社員が「自分のキャリアをどうしていこう」ということをあまり考えなくなるのは仕方がないんですよね。でも、終身雇用のつもりで入った会社で早期退職を促されるようなことが頻繁に起きているし、勤めている会社がつぶれてしまうということも大いにあり得るのが今の時代です。キャリアを自分でコントロールしていくという意味においては、日本もアメリカ型になっていかないと、困る人がたくさん出てきてしまうでしょう。

一方で、仕事の選び方やキャリアの方向性については、アメリカ型を目指さなく

てもいいと、僕は思います。

アメリカは「強いものだけが生き残ることができる」という競争社会を徹底することで、マイクロソフトやＧＡＦＡ（グーグル、アマゾン、フェイスブック、アップル）といった巨大な企業を生み出し、資本主義の世界の圧倒的な勝者となりました。働く個人も、ほかの人よりも成果を上げることでより多くの報酬を得ることが成功だ、という価値観です。

でも、今のアメリカは、一度は資本主義のほうにグーッと振れた振り子が逆の方向に戻ってきているように感じるのです。特に若い人たちが、「単にお金がたくさんあっても、本当にこれが幸せなんだろうか？」と考えるようになってきているのです。

アメリカが不景気の時代も乗り越えてずっと資本主義の勝者でいられたのは、会社が競争に勝つための、そして成長するための仕組みを取り入れていき、製造業から

ＩＴなどの新しい産業へとイノベーションを起こせたからだと思います。その一方で、利益を追求するために、社員を競争させ、時には解雇したりしてきました。その結果、貧富の差がものすごく大きい国になりました。

今の若い人たちは、インターネットで世界中の価値観に触れることができます。だから、お金持ちが豪遊するかたわら、ものすごい数のホームレスがいたり、銃の乱射事件があったり、いまだに人種差別や男女差別がなくならない。**そういう国のあり方に疑問を抱いています。自分の親たちがすごくがんばって世界一お金持ちの国になった、その結果がこれでいいのか、と。**

特にシリコンバレーの有名企業で働いているような優秀な若者ほど、「人を蹴落として自分だけお金持ちになっても、なんの意味があるんだろう」とか、「もっと社会にいいことをしたい」と考えるようになってきています。グーグルやフェイスブックで働いて一財産築いたらボランティア活動に参加したり、ＮＰＯ法人を起業してもっと社会にとって価値のあることをしようと活動したりする若い人たちがどんどん増えています。

日本でも、「社会貢献をしたい」「お金儲けよりも仕事の意味を大事にしたい」という若い人たちが増えていますよね。その一方で、資本主義の世界で成功して一獲千金を得ることを目指して起業する人たちもたくさん出てきている。アメリカほど振り子の振れ方が極端でなかった分、若い人たちの目指す方向も一様ではないようです。

そして「社会のために働きたい」という人たちも、アメリカの若者のようにそれまでの仕事を捨てて新しいことを始めるというケースは少ない。**パラレルキャリアや複業、つまり今の会社の仕事に軸足を置きながら、ボランティアや複業で社会貢献したり自分の幸せを追求しようとしたりする人が増えています。**僕はそれが、とても現実的で良いやり方だと思います。

コラム　「ありがとう」を言おう

競争に勝つことを目指すという点ではアメリカ型の働き方を真似する必要はありませんが、アメリカで仕事をしていて「いいな」と思う点もあります。

それは、しょっちゅう“Thank you!”とか“Great!”とか言い合う文化です。感謝の気持ちや相手を認める気持ちを言葉にして表すことが、日本よりも各段に多いと感じます。

楽しく仕事を続けていくポイントは、ほかの人から「ありがとう」と言われることをやっていくことだと、ここまでしつこいくらいにお伝えしてきました。**一方で僕は、自分がほかの人に対して「ありがとう」と言うことも、**

とても大事だと思っています。

「幸福学」の研究者である前野隆司教授によると、以下の「幸せの４つの因子」を４つともバランスよく持っている人は幸福度が高いそうです。

1「やってみよう」因子（自己実現と成長の因子）

2「ありがとう」因子（つながりと感謝の因子）

3「なんとかなる」因子（前向きと楽観の因子）

4「ありのままに」因子（独立とマイペースの因子）

２番目に「ありがとう」因子が出てきますが、人の喜ぶ顔を見るのが好きで、いろいろなことに感謝する人は、幸福度が高い傾向にあるのだそうです。

「ありがとう」を言う側の人が幸福だ、という話です。

でも、「ありがとう」を言われるほうも、それによって自分に自信がついたり相手に受け入れられているという安心感を持てたりして、「やってみよう」、「なんとかなる」、「ありのままに」という気持ちがより高まるのではないでしょうか。

つまり、「ありがとう」は、言うほうも言われるほうも幸せになる言葉なのです。そんな「ありがとう」がチームや会社の中にあふれれば、みんなのモチベーションは上がるし幸せになるしで、いいことづくめです。

サイボウズでは毎年「サイボウズ・オブ・ザ・イヤー」という、社員の中から年間ＭＶＰを選んで表彰するイベントをやっています（第1章で紹介した「感動課」の仕事です）。どうやってＭＶＰを決めるのかというと、各社員が「ありがとう」を言いたい人に感謝のコメント付きで投票をし、一番多くの「ありがとう」を集めた人が選ばれます。

このとき受賞者のコメントでよく出てくるのが、「みなさん、こんなにたくさんの『ありがとう』を、こちらこそありがとう！」という言葉です。「ありがとう」と言われて、そのことに対して「ありがとう」と思う、「ありがとう」の連鎖が起きているわけです。

もともとみんなのためにがんばった人を讃えるために始まったイベントですが、みんなが「ありがとう」を言う機会をつくっているという点でも、良い取り組みだと思います。

みなさんも、まずは自分からまわりの人に、たくさん「ありがとう」を言ってみたらどうでしょう？　続けているうちに「ありがとう」の連鎖が起きて、チームのエネルギーが上がってくるかもしれませんよ。

2 「働き方改革」がうまくいかないのはなんで？

２０１６年ごろから国が「働き方改革」と言い始めましたが、いまだにみんなの働き方が変わって良くなったという実感はありません。僕が思うに、それは資本主義の勝者であるアメリカ的な成功を目指しているせいです。

アメリカというのは、常に成長し続け、勝ち続けることを求められる競争社会です。勝ち負けの基準は、企業の場合は株主へのリターンと時価総額。つまり短期間にどれだけ利益を上げられるか、どれだけ大きな成長を期待させられるか、ということです。

高度経済成長期からバブル崩壊までは、日本もこういう価値観の中で勝ち上がっていました。平成元年の世界時価総額ランキングを見ると、日本企業が１～５位までを

世界時価総額ランキング（平成元年）

順位	企業名	時価総額（億ドル）	国名
1	NTT	1,638.60	日本
2	日本興業銀行	715.90	日本
3	住友銀行	695.90	日本
4	富士銀行	670.80	日本
5	第一勧業銀行	660.90	日本
6	IBM	646.50	米
7	三菱銀行	592.70	日本
8	エクソン	549.20	米
9	東京電力	544.60	日本
10	ロイヤルダッチ・シェル	543.60	英
11	トヨタ自動車	541.70	日本
12	GE	493.60	米
13	三和銀行	492.90	日本
14	野村証券	444.40	日本
15	新日本製薬	414.80	日本
16	AT&T	381.20	米
17	日立製作所	358.20	日本
18	松下電器	357.00	日本
19	フィリップ・モリス	321.40	米
20	東芝	309.10	日本
21	関西電力	308.90	日本
22	日本長期信用銀行	308.50	日本
23	東海銀行	305.40	日本
24	三井銀行	296.90	日本
25	メルク	275.20	米
26	日産自動車	269.80	日本
27	三菱重工業	266.50	日本
28	デュポン	260.80	米
29	GM	252.50	米
30	三菱信託銀行	246.70	日本
31	BT	242.90	英
32	ベル・サウス	241.70	米
33	BP	241.50	英
34	フォード・モーター	239.30	米
35	アモコ	229.30	米
36	東京銀行	224.60	日本
37	中部銀行	219.70	日本
38	住友信託銀行	218.70	日本
39	コカ・コーラ	215.00	米
40	ウォールマート	214.90	米
41	三菱地所	214.50	日本
42	川崎製鉄	213.00	日本
43	モービル	211.50	米
44	東京ガス	211.30	日本
45	東京海上火災保険	209.10	日本
46	NHK	201.50	日本
47	アルコ	196.30	米
48	日本電気	196.10	日本
49	大和証券	191.10	日本
50	旭硝子	190.50	日本

世界時価総額ランキング（平成31年4月）

順位	企業名	時価総額（億ドル）	国名
1	アップル	9,644.20	米
2	マイクロソフト	9,495.10	米
3	アマゾン・ドット・コム	9,286.60	米
4	アルファベット	8,115.30	米
5	ロイヤル・ダッチ・シェル	5,368,50	オランダ
6	バークシャー・ハサウェイ	5,150.10	米
7	アリババ・グループ・ホールディングス	4,805.40	中
8	テンセント・ホールディングス	4,755.10	中
9	フェイスブック	4,360.80	米
10	JPモルガン・チェース	3,685.20	米
11	ジョンソン＆ジョンソン	3,670.10	米
12	エクソン・モービル	3,509.20	米
13	中国工商銀行	2,991.10	中
14	ウォルマート・ストアズ	2,937.70	米
15	ネスレ	2,903.00	スイス
16	バンク・オブ・アメリカ	2,896.50	米
17	ビザ	2,807.30	米
18	P&G	2,651.90	米
19	インテル	2,646.10	米
20	シスコ・システムズ	2,480.10	米
21	マスターカード	2,465.10	米
22	ベライゾン・コミュニケーションズ	2,410.70	米
23	ウォルト・ディズニー	2,367.10	米
24	サムスン電子	2,359.30	韓国
25	台湾セミコンダクター・マニュファクチャアリング	2,341.50	台湾
26	AT&T	2,338.70	米
27	シェブロン	2,322.10	米
28	中国平安保険	2,293.40	中
29	ホーム・デポ	2,258.20	米
30	中国建設銀行	2,255.10	中
31	ロシュ・ホールディング	2,242.90	スイス
32	ユナイテッドヘルス・グループ	2,179.20	米
33	ファイザー	2,164.10	米
34	ウェルズ・ファーゴ	2,132.30	米
35	ボーイング	2,117.80	米
36	コカ・コーラ	2,026.40	米
37	ユニオン・パシフィック	1,976.40	米
38	チャイナ・モバイル	1,963.60	中
39	中国農業銀行	1,935.00	中
40	メルク	1,897.50	ドイツ
41	コムキャスト	1,896.90	米
42	オラクル	1,866.70	米
43	トヨタ自動車	1,787.60	日本
44	ペプシコ	1,772.50	米
45	LVMH モエ・ヘネシー・ルイ・ヴィトン	1,762.80	フランス
46	アンハイザー・ブッシュ・インベブ	1,753.00	ベルギー
47	HSBCホールディングス	1,749.20	イギリス
48	ノバルティス	1,742.60	スイス
49	フォメント・エコノミー・メヒカノ	1,713.40	メキシコ
50	ネットフリックス	1,647.50	米

平成の最初と最後のときの時価総額ランキング

占め、トップ50に32社入っているという状態だったんです。

それが今はどうでしょう。令和になる直前、平成31年4月時点では40位あたりに唯一トヨタ自動車が入っているだけで、トップ10のうち7社はアメリカ、2社は中国の企業です。

若いみなさんにとっては、平成元年のランキングのほうが嘘みたいに思えるかもしれません。でも多くの日本の経営者にとっては、自分たちの会社が世界のトップに君臨していて「ジャパン・アズ・ナンバーワン」と言われた——そっちのほうが強烈に記憶に残っているんです。**だから、「どうやったらもう1回、過去の栄光を取り戻せるのか?」ということを考えてしまうんでしょうね。**

時価総額ランキングで日本がどんどん抜き去られていく間、なぜアメリカはずっと上位を維持していられたのだと思いますか？　それは、かつてランキング上位に入っていた会社が没落し、新しい企業がそこにのし上がってくるという新陳代謝が、アメリカの中で起きているからです。昔はいわゆる重厚長大産業と言われるメーカーや石油会社なんかが強かったけれど、今はアップルとかアマゾンとかグーグルとか、ＩＴの会社が上位を占めています。

日本は、アメリカみたいな新陳代謝ができなかったから競争から脱落しました。じゃあ、今からアメリカみたいになることで、もう一度時価総額ランキングの上位にいくことができるでしょうか？　僕はそうは思いません。**高度経済成長期とは人口構成もビジネス環境も大きく変わっているのだから、もう昔に戻ることはできないんです。**先にお伝えしたように、アメリカの中でさえ、資本主義の世界で勝つことが本当にいいことなのか疑問を持っている人が増えているんです。

だからサイボウズは、時価総額ランキングではなく幸福度ランキングで上位を目指しています。これは、本当の意味での働き方改革です。

でも多くの会社では、どうしたら社員が働きやすいかということではなく、アメリカや中国に負けないいくらい利益が上がって時価総額が上がる効率のいい働き方は……みたいなことを考えている。だから、働き方改革がうまくいかないんです。

3 働くのって、なんのため？

今の世の中は、「働くこと」そのものが重要視されすぎているように思います。「働くこと」は手段なのに、それが目的になってしまっている人が多いんじゃないでしょうか。

みなさんはなんのために働いていますか？

僕が思うに、人間が働く究極的な目的は「生きるため」です。生きていくことができれば、別に働かずに遊んでいてもいいし、ましてや会社に入らなきゃいけないなんてことはありません。

そもそも「会社」って、この数百年の間につくられてきた仕組みです。生きていくのに必要なモノを手に入れる方法が、「狩猟採集と物々交換」から「お金で買う」という形に変わり、そのお金をより効率的に稼ぐ仕組みとして会社というものが生まれ、だんだんと会社に雇われて働く人の割合が増えてきたのです。**だから、この働き方がこれからもずっと続くとは限りません。僕は会社というものは近い将来になくなっていくんじゃないかな、と思っているくらいです。**

一方で、人類にとって「生きて、子孫を残すこと」、そのために「ほかの人たちと協力すること」というのは、過去もこれからも変わりなく重要なことです。そして、その目的につながる行動によって幸せが感じられるように、人間のＤＮＡが設計されているんじゃないかと思うのです。

パートナーと出会って家族をつくること、なにかのコミュニティに居場所を得ること、仲間と力を合わせてなにかを達成すること、そういうことに「幸せだなぁ」と感じられるのが、人間なのです。

現代の社会は、住む場所や食べるものを確保するのにもお金がいります。だから働いてお金を稼ぐことがものすごく重要視されてきたわけですが、僕らが「幸せだな」と感じることって、お金がたっぷりあることだけではありませんよね。

好きな人と過ごしたり、好きなことをしたりする自由な時間があることも幸せにつながるし、自分で畑を耕したりご飯をつくったりすることに幸せを感じる人もいる。ボランティアで人の役に立つことをして「ありがとう。君がいてくれてよかった」と言ってもらえることも、すごく幸せな気持ちになりますよね。

働くというのは、幸せになるための一つの手段でしかないんです。だから、働き方に迷ったときには、「これは自分の幸せにつながってる？」と考えてみたらいいと思います。

コラム　会社がなくなる未来をイメージしてみよう

会社というものは近い将来になくなっていくんじゃないか――そういうふうに自然に感じられるようになったのは、最近のことです。

第1章でも書きましたが、以前の僕は、サイボウズに新卒の正社員を増やすことが大事だと思っていました。中途採用の人というのはほかの職場の経験があるから、「会社ってこういうものだ」という固定観念が多少なりともあるものです。サイボウズが初めての会社である新入社員のほうが、「サイボウズらしさ」みたいなものが受け継ぎやすいんじゃないかと思っていたんですね。

だけど最近は、転職先どころか複業先としてサイボウズで働きたいという人も受け入れています。僕の前著『最軽量のマネジメント』をつくるときなんかは、社外から有志のメンバーが集って手伝ってくれました。そのほかにもいろんなプロジェクトで社員以外の人たちの力を借りるようになって、そういう人たちも、僕らのチームの一員だと考えられるようになりました（これは、過去に一生懸命新入社員を採用してきたことが無意味だというわけではありません。そうやってサイボウズらしい文化をつくってきて、それがしっかりと根づいたから、今はいろんな人を受け入れられるようになった、ということなのかもしれません）。

僕が考える「チーム」というのは、同じ理想に向かう集団です。サイボウズであれば「チームワークあふれる社会を創る」という大きな理想があって、そのための手段としてグループウェアを開発して提供したり、チームワークについてのセミナーをやったりコンテンツをつくって発信したりしている。

そういう仕事に共感する人がチームに集まり、社員であれば継続的に深く関わっていくし、フリーランスの人であればプロジェクト毎に力を貸してくれる、そんなイメージです。

社員はなにかのプロジェクトが終わってもそこで離れていくことはないけれど、会社の理想に１００％コミットしている必要はありません。サイボウズの社長の青野さんだって、子どもが生まれたばかりのときは時短勤務をしていたし、今だって１００％会社のことばかりしているわけではないですからね。

24時間で３６５日のうちどのくらいを仕事に費やすか、自分の頭や気持ちの中でどのくらい仕事を重要視するか、それは社員であっても個人の自由です。１００％に近い人もいれば、「今は趣味の活動がノッてるから」とか「子育てに手がかかるから」とかでかなり少ない人もいて、社員の中でもグラデーションがある。「複業でやっているほかの仕事がおもしろくなったから、サイボウズの正社員は辞めます。でもときどき力を貸しますよ」みたいな人も出てくるかもしれません。

少し前の僕だったら、「辞めちゃうのか……」と寂しくなったかもしれないけれど、今はときどきでも力を貸してくれるなら大成功、と思います。会社として雇える社員の数には限りがあるけれど、社外にも会社の理想に共感してくれて、ちょっとずつでも協力してくれる人が千人、１万人と増えていったら、それは理想の実現に向けて強力な後押しになるはずだからです。

そう考えていくと、チームのメンバーが社員なのかどうかなんて、いずれはどうでもよくなっていきそうです。

昔は「会社の経営資源はヒト・モノ・カネ」なんて教えられました。たしかに、「ヒト・モノ・カネ」も必要ではあります。**でも、これからは〝カイシャ〟がすべてを持つ必要はないと思いますし、社外で協力してくれる〝ヒト〟たちとも一緒にチームをつくりたいと思っています。**そんなふうに時代が進んでいくと、「会社はなくてもいい」となるのはそんなに遠い未来のことではないと思いませんか？

4 趣味や家庭を大事にしたい

みなさんの中には、働くのは幸せになるための手段でしかないということをよくわかっていて、「だから、もっと自由な時間がほしい」とか「子育てと両立しやすい働き方をしたい」といった希望を持っている方もいるでしょう。だけど、その希望を叶えるのが簡単ではないことも多いですよね。

たとえば、「もうすぐ子どもが生まれて父親になるから、ぜひ育休を取って子育てに取り組みたい。でも、上司は『男が育休を取る必要があるのか？』という考え方で、言い出しづらい」という人がいるとします。

この場合、上司がそういう考え方であることはどうしようもありません。そういう条件の中で、それでも育休を取るのか、取ることをあきらめるのか、自分で選択するしかないんですよね。

選択というのは、一つのことを選ぶと同時に、それ以外のことをすべて捨てるということ。だから、選ぶ覚悟と捨てる覚悟が必要です。この例の場合、育休を取ることを選べば、上司にかわいがられている部下という立場を捨てることになるかもしれませんね。逆に、上司に気に入られることを選べば、育休を取ることで得られる幸せを捨てることになります。

どちらが正解ということはないんです。自分で「こっちだ」と覚悟して決めましょう。そして選択した後は、「ほかの選択肢を選べばよかったかなぁ」と悩むのはやめ、選ばなかったことは「あきらめる」ことが必要です。

迷っている限り、幸せにはなれません。あきらめたときに、「選択した道でいかに幸せになるか」を追求できるようになるんです。

大事なのは、「誰かに言われたから」とか「これが常識だから」とかではなく、自分で主体的に選ぶこと。そして、選んだらほかの選択肢のことはあきらめて、「選択した道でいかに幸せになるか」を考えることです。

コラム　あきらめから生まれた個性的な人生

「石の上にも3年」とか「継続は力なり」といった昭和の常識に慣れていると、「あきらめる」というのはとてもネガティブに聞こえるかもしれません。

でも、人は自分の親や顔カタチ、生まれついての能力は選べないし変えられない。自分ではどうしようもないことにこだわって「こんなのいやだ！変えたい！」とあがいていては、先に進めないし、変えられないという現実にぶち当たって不幸になります。

だから僕は、「あきらめる」というのは幸せに向かって次に進むための、とてもポジティブなことだと思うのです。

僕がこんなふうに考えるようになったのは、自分の生い立ちや経験の影響が大きいのかもしれません。なんといっても僕自身がたくさんあきらめて、だけどそれが僕なりの個性になったと感じているからです。

個性というのは、言い換えると人との「違い」です。だから、誰にでも個性はあるはず。とはいえ、「人と違うところはなんですか？」と急に問われてもすぐには出てこないかもしれませんね。

そんなときは、「だけれども」を使ってみましょう。「〇〇だけれども□□」みたいな。

文系だけれどもＩＴが好き、理系だけれども話すのが得意、銀行員だけれどもひょうきん、チャラく見えるけど真面目……。前にくる「〇〇だけれども」の○○は、人の印象なのでいい加減なものです。でも結局は、そのいい加減な印象とのギャップで個性が見えてくることも多いのです。

この「○○だけれども□□」を積み重ねていくと、どんどん個性的な人になります。別に「個性的になろう」なんてがんばる必要もないんですよ。もともと人は１００人１００通りで、同じ人などいない。それぞれ違う人たちが違う人生を歩むので、同じになる確率のほうが圧倒的に低いし、長く生きれば生きるほど、人は自動的に多種多様になるんですから。

がんばって個性を表現しようとすればするほど、「自分はなにものか」「自分ができること」を見失って不安になります。ほかの誰かが持っているものの中から自分が持つべき個性を探そうとするから、見失うんです。誰かが持っているものを手に入れても、それは自分の個性になるでしょうか？

「誰かみたいにできる」とか「誰かよりもできる」ということで自分の個性を表現することは、あきらめてしまったほうがいい。世の中にいない人になろうとしたら、お手本なんてあるはずないじゃないですか。

じゃあどうするのか。まずは「できること」を考える。そして、それを求めている人やチームを探すんです。それを繰り返していけば、自然に個性的な歩みになるはずです。

僕の場合は、甲子園を目指す高校の野球部で気合と根性と規律を叩き込まれたことが、大学のテニス部における僕の個性につながりました。テニスは下手だけど、弱かったテニス部に気合と根性を提供することができたんです。

その後、休学して世界一周。世界一周する人はほかにもいるけど、体育会系で世界一周する人はあまりいません。「気合と根性」に多様な価値観がプラスされることになりました。

そして就職。体育会系で世界一周経験のある銀行員なんて、まわりにいませんでした。銀行員としての仕事はあんまりできなかったけど……職場の雰囲気を良くしたりベンチャー企業の経営者に好かれたりしたと思います。

そこから、10人くらいのＩＴベンチャーに移って財務責任者になり、人事も担当して、海外でもマネジメントをして……今に至るわけです。

「野球部でした」とか「銀行員でした」とか、一つ一つのことは別に珍しいことじゃないけれど、それらがつながると、とても個性的な経歴になる——こうやって書き連ねると、僕がものすごく独創的に成功の道筋を描いてきたように思われるかもしれないけれど、計画的だったわけではありません。むしろ、いろいろなことをあきらめた結果、こうなったんです。

野球ばっかりしていて勉強していなかったし、高3のときに留学させてもらってお金もなかったから、英語だけで入れそうな国公立大学以外はあきらめた。銀行でも、銀行員としての優秀さで評価されることはあきらめ、ちょっと変わったポジションにつくことで居場所を得ましたし、サイボウズで事業部門の部長になったときも、製品の開発や販売に関してすごい部長になることはあきらめ、自分ができることとして「ザツダン」に専念しました。

できないことはあきらめ、できることを探しながらやっていたら、なんだかユニークなキャリアになりました。たぶんこれからも、「俺って、こんな変な道を歩いてきてん」と言いながら、それをおもしろがってくれる人とか、「じゃあ、次はこんなことやってみたら？」と言ってくれる人とかと一緒に仕事をしていくんだろうな、と思います。

あらかじめ決めたゴールに向かってあきらめないで進もうという人は、なるべくまっすぐ進んでいこうとするでしょう？　一方であきらめの早い人というのは、障害があったらそれを越えるのをあきらめて脇を通っていったり、あるいはちょっと戻って別の道を探したり、ゴール自体を変えたりする。**そうやって通ってきた道を振り返ると、クネクネした道筋になっているでしょう。その曲がりくねり方が、ほかの人とは違うあなたの個性になるんです。**個性が重要な時代だから、一直線で行けなくても大丈夫。どんどん曲がりくねって自分だけの道をつくっていきましょうよ。

5 昇進の話があるけれど気が進みません

別に出世なんかしたくない、そういう人もいますよね。ただ、昇進の話があるということは、「君ならできるよ」と評価されているということだから、それは良いこととして受けとめたらいいと思いますよ。その上で、どうしたいかはあなた次第です。

組織として、誰かをリーダーやマネジャーにする必要があるというときに、まわりから見たら適任なんだけどやりたくないAさんと、スキルは微妙だけどやりたがっているBさんがいたらどうするか？　サイボウズの場合は、Aさんを昇進させることはありません。無理にやらせてうまくいかなかったら、「やりたくなかったのに」という言い訳しか残らないですからね。それよりは、「やりたい！」と言って前向きにチャレンジしてくれる人のほうが、まわりも協力したくなりませんか？

だから、気が進まないなら「やりたくない」とはっきり言ってほしいというのが、僕の考えです。

ただ、会社の風土によっては昇進や異動の話を断るなんて難しい、ということもありますよね。そういう雰囲気があるだけで、勇気を出して「やりたくない」と言ってみればその気持ちを尊重してくれることもあるかもしれません。逆に、過去に断った人はみんな酷い目にあって、断るなんて絶対無理だと思われる会社もあるでしょう。

そこはケースバイケースだから、僕がみなさんに正解を教えることはできません。とりあえずはいやでも引き受けてみるのか、「気が進まないんですけど」と相談してみるのか、相談することもあきらめて辞めるのか――この先自分が幸せになれるのはどの道だろう、ということを考えて選択するしかないのだと思います。

これからは、「競争に勝つ働き方」よりも「みんなで幸せになる働き方」

「はじめに」でもお伝えしたとおり、僕はみなさんに「新しい時代の歩き方」を伝えたいと思い、この本を書いてきました。昭和や平成の時代とは違う、「今これからの時代」に合った働き方というものがあると思っているからです。

時代がどんなに大きく変化しているか、ここまでも折に触れて僕が感じていることを書いてきましたが、あらためて、働き方を考えるときに重要な10の変化を紹介します。序章で触れた「これからの働き方に影響を与える10の変化」です。

これからの働き方に影響を与える10の変化

変化1

BIからAIへ

インターネットの登場以前（BI：Before Internet）と以後（AI：After Internet）では、情報の価値が大きく変わる。

BIでは、情報を得るためには、直接人とコンタクトしなければならなかった。手紙や固定電話もあったが、人から人へと伝えるのが大前提だったから、会社は同じ場所に人を集め、トーナメント表のような組織図で一般社員→課長→部長→……と情報を下から上に、あるいは上から下に順々に伝達していく仕組みをつくり、それに合わせて権限を付与した。情報を得ることにコストがかかったので、偉い人により重要な情報を持つ権限があった。

でもAIの時代は、会社の役職なんか関係なく誰でも、手に持ったスマホから世界の情報にアクセスでき、世界へ情報を発信できる。情報は圧倒的に安くなった。

情報をどう集めるかではなく、どう使うかが重要な時代になった。それがBIとAIで一番大きく変わった点だ。

これからの働き方に影響を与える10の変化

変化2

所有から共有へ

情報が希少で、自分が情報を握ること、特定の人に確実に渡すことが重要だったBIの時代には、情報をいかに「伝達するか」が問題で、電話やメールなど、その手段が発達した。

でも、誰もが情報を簡単に得られるようになったAIの時代には、情報を「持っている」ということの価値は低くなる。だから、「伝達する」手段よりも「共有する」手段が大事だ。

ToやCC、メンションなどで情報を特定の人に届けるのが「伝達」なら、「共有」というのは、宛先などつけず、検索すれば見つけられる状態でネット上に置いておくようなやり方だ。情報をできるだけオープンにしておけば、それを必要としている人や関心を持ってくれる人が見つけてくれる。

これからの働き方に影響を与える10の変化

変化3

個人戦からチーム戦へ

BIの時代には他の人が持っていない情報を苦労して集め、もしくは、勉強して覚え、その情報や知識を持っていることが武器になった。逆に、一生懸命集めた大切な情報を共有すると競争相手に出し抜かれる恐れがあった。だから大切な情報は信頼できる人にしか出さず、個人で戦わざるを得なかった。

AIの時代には、その大切だった情報や知識が望むと望まざるとにかかわらず共有されるようになる。ならば、情報を独占して個人で強くなろうとするよりも、同じ目的を持つ人とつながって情報を共有し、チームとして強くなることを目指すほうが効率的だ。

これからの働き方に影響を与える10の変化

変化4

忠誠心から距離感へ

情報が流通していないBIの時代は、大切なことや価値観のようなものも場所や組織に縛られていた。他の場所のそれと比べることも簡単ではなかったので、住んでいる国や地域、親や先生、会社や上司の価値観を正しいと信じるしかなかった。だから、組織は絶対的な価値観やリーダーへの忠誠心で成り立ってきた。

AIの時代には、世界中の様々な文化や価値観に触れることができるから、同じ場所にいても一人一人の価値観が多様化していく。1人の人の中でも、これもいいと思うし、あれもいいと思う。価値観が時代や環境とともに変化する。

それぞれに異なる理由や思いを持ったメンバーが集う。そんなチームがこれからの組織の主流になる。チームのメンバーに忠誠心を求めるのではなく、各自の距離感を尊重すること、変化する自分自身の価値観も認識することが、これからのチームワークには欠かせない。

これからの働き方に影響を与える10の変化

変化5

「覚える」から「検索する」へ

昭和の世代は、覚えるのが得意な人が優秀な人で、たくさん知識があるほうが評価された。

今の時代は、覚えること（知識をためこむこと）はインターネットやITに任せればいい。人間にとって重要なのは、膨大に共有される情報の海の中から必要なときに必要な情報をいかに早く取り出すことができるかだ。上手に検索するスキルや、自分が必要な情報を持っている人にいかにアクセスできるか。そのためのコネクションを、ITを使っていかに効率よく築いていけるかが、大切なスキルになっていく。

これからの働き方に影響を与える10の変化

変化6

常識から非常識へ

「常識」というのは、そのコミュニティの中で、過去に起きた成功体験が積み重なり、今後にも活かせそうな行動を体系化して表現しているようなものだ。「社会人はスーツにネクタイ」というのも、かつてはそうしていればうまくいきやすかったから。でも、今の時価総額トップ10に入る企業を見ると、みんながスーツにネクタイの会社なんて何割あるだろう？

時代や環境が変化し、何が成功するかもわからない、組織やチームのあり方さえも変わっていく中で、過去の常識にとらわれていてはいけないのだ。

これからの働き方に影響を与える10の変化

変化7

「考える」から「行動する」へ

常識に頼れないということは、あなたがなにをするかを自分で決めなければいけないということ。これからどう世の中が変わっていくのかもわからない。その中で成功の確率を上げるためには、過去のデータにもとづいて考えていても答えは出ない。

なぜそれをしたのか、なぜそれをするのかという行動の目的への思考は意味がある。それはじっくり考えた上で、目的が見えたらまずは行動すること。行動しないで考えていても、成功するかどうかはわからない。行動によって出会う成功や失敗の経験から学び、次にどうするかを決める。それを繰り返していくしかない。

これからの働き方に影響を与える10の変化

変化８

同調から個性へ

成功する方法がわかっている世界では、みんなの能力や個性が均一で、同じように活動することがとても効率的だった。

一方、何が成功かわからない今の世界においては、次々に新しいことを経験し学んでいく必要がある。10人で同じことをするよりも、10通りのチャレンジをしていくほうが成功やイノベーションが起こる確率は高くなる。いかに人と同じかではなく、いかに人と違うかということを大事にして、自分の個性を磨いていく必要がある。

これからの働き方に影響を与える10の変化

変化9

ホワイト企業から透明企業へ

これまでは、人にやさしい会社がホワイト企業、業績重視で社員を酷使する会社はブラック企業、ホワイトが良くてブラックはダメと言われてきた。

本当にそうなのか？　中には、若いうちは仕事中心でいい、厳しい環境で成長したいという人もいるのではないか。個人が自分に合った企業を選べることが重要なのではないか。それならば、これからはホワイトかブラックかではなく、自分たちがどんな会社であるのかを隠さない透明な企業が求められるはずだ。

これからの働き方に影響を与える10の変化

変化10

平等から幸福へ

一つのケーキを三人で三等分するのは平等かもしれない。でも、甘いものが苦手な人、ダイエットしている人、腹ペコでケーキ好きな人がいたら、三番目の人に全部あげると全員が幸せになる。

情報が少ない世の中であれば、平等や平均という考え方で、全員が微妙に不幸を我慢し合うというのが良かったのかもしれない。でも今は、一人一人の好みや個性を知ることが遥かに簡単になっている。それを意識して全員の幸せを目指すことができる時代だ。

以上が、僕が考える10の大きな変化です。こんなに変わっているんだから、会社も働く個人も変わらないとおかしいと思うのです。でも、この章の最初に触れたアメリカの企業も、多くの日本の企業も、まだまだ「競争に勝つ」ことを目指す昭和的な価値観から脱していません。

ところでみなさん、「幸福度ランキング」って知ってますか？

これは、国連が世界150カ国以上の国を調査して毎年発表しているものです。2020年版のトップ10は以下のとおり。

1 フィンランド
2 デンマーク
3 スイス
4 アイスランド

5　ノルウェー
6　オランダ
7　スウェーデン
8　ニュージーランド
9　オーストリア
10　ルクセンブルク

フィンランドを筆頭に北欧の国々が上位を占めていますね。このランキングが発表されるようになった2012年以来、この状況は変わらないようです。

一方で、僕がいるアメリカは20位、日本は62位です。日本ってどんだけ不幸やねん!　と思いますよね……。

先に「サイボウズは、時価総額ランキングではなく幸福度ランキングで上位を目指しています」と書きました。そこで昨年、幸福度の高い北欧の国に行けばそのためのヒントが得られるかもしれないと思い、フィンランドとノルウェーとスウェーデンに行ってきました。

2週間の滞在中に何十人もの人に会いに行き、果てはタクシーの運転手さんや飛行機で隣に乗り合わせた人にまで「幸せですか？　なんでですか？」と聞きまくりました。

それでわかったのは、もちろんそれぞれの国に課題もあるということ。でもやっぱり、全体的な幸福度は高そうです。ものすごく幸せな人がいる一方で、ものすごく不幸せな人がいる、という感じではないんです。

その理由として北欧の国に共通するな、と思ったことがいくつかあります。

まずは、サステナビリティ（持続性）というものをとても大事にしているということ。「国やみんなの生活がなるべく良い状態で続いていく」ということが重要なんです。継続していくためには、競争や成長が必要ではあるんだけど、それが目的ではないんですね。

アメリカは、競争することはいいことで、１人で勝ち抜くのがスゴイ！　という世界です。でも北欧では勝つことは重要じゃないから、平等や公平ということを大事にします。そのためにも、いろいろな情報がオープンで、透明性が保たれています。

そして、一人一人が自立している。これは、**「自分一人で生きていく」ということではなくて、「自分は自分、他人は他人。違うよね」ということを受け入れて、違いのある人たちと協調して生きていこうとしているということです。**だから同じ国の中でもいろいろな生き方が許容されている。つまり選択肢がたくさんあるんです。自立している人たちが主体的に選択しているから、幸せを感じられているんだろうなと、そういうことが見えてきました。

実際に自分の目で見て、話を聞いて、これまでサイボウズでやろうとしてきたことは、北欧の考え方とすごく重なっていると感じました。北欧の幸せの要素とは「サステナビリティ」「平等・公平」「透明性」「自立」「選択肢」です。一方で、サイボウズでは、「チームワークあふれる社会・会社をつくる」という企業理念の下、「理想への共感」「多様な個性を重視」「公明正大」「自立と議論」という行動指針を掲げていますが、後ろの三つは北欧の幸せの要素とほとんど同じようなものです。

日本はどちらかというとアメリカ型の、競争に勝とう、成長しようという意識が強い。だから「サイボウズのやり方は特殊で、ほかの会社にはできない」というふうに見られがちでした。でも、国全体でこういうやり方ができているところがあるんです。

「もう、いつまでもアメリカを目指さなくてもいい。時価総額ランキングで勝つよりも、サステナブルな働き方で幸福になることを目指そうよ」――北欧の人々に会ってきたことで、そういうことがより自信をもって伝えられるようになりました。

この本の中で、僕は何度も「選択すること」と同時に「あきらめること」が大事だと書いてきました。**誤解してほしくないのは、「あきらめる」というのは幸せになることをあきらめる、ということではないんです。**

競争に勝って一番になることは、難しそうなら早めにあきらめたほうがいい。それは、勝てない自分、一番になれない自分を「受け入れる」ということです。あきらめて受け入れた上で、それでもあなたにはできることがあるはずだし、やっていて楽しいと思えることがあるはずです。**できることをやって、まわりの人に「ありがとう」を言われ、やっていて楽しいことをしているうちに、「これを実現したい」という理想が見つかるかもしれない。**

一番になれなくても、そういうことが見つけられれば、幸せになれると思いませんか？

一番にならないと幸せになれない社会や会社って、一部の人だけが幸せで、それ以外の負けた人たちは不幸だということになってしまいます。そうではなくて、みんなそれぞれ得意なことも好きなことも違うんだから、それぞれが幸せになれる道を選ぼうよ。理想に向かってひとりではできないことをするときは、お互いに助け合っていこうよ——これが、僕が考える理想の社会やチームのあり方です。

おわりに

いつの時代であっても、大人は「今の若いものは……」と言うものなんですよね。

僕が若いころもそうでした。そして当時の僕は、そういう大人が正しいんだと思っていました。

仮に間違っていたとしても、大人は僕らより力も経験も知識もあって、お金も権力も持っているから勝てっこない。いつか自分も大人になれば、正しい側に立てるんだ……そう信じて、我慢しながら大きくなったんです。

でも、いざ自分が大人になったら「あれっ？」と思いました。

「若い人のほうが賢いやん」

「若い人もよく知ってるやん」

「しかも、お金や権力で動いてくれない優秀な人がいっぱいいるやん」

そんなふうに気づかされる機会が、たくさんあったんです。

そんな中でふと頭に浮かんだのが、「情報格差がお金を生む。お金があれば権力を握れる」という言葉。銀行員時代に学んだことです。

インターネットの時代の情報のあり方を考えると、実は大人が弱者に、若者が強者になりつつあるんじゃないかと思うようになりました。

インターネットの海の中から必要な情報を検索したり、ＳＮＳで情報をシェアしあったり、そういうことが自然にできてしまう能力。それは、若いみなさんがもっている強力な武器なのです。**武器が変われば、戦い方も変わる。むしろ、戦わなくてもみんなで幸せになっていくことができるんじゃないか**――これが、本書で伝えたかったことです。

ところで、ＡＩ（After Internet）の世界で、唯一「検索」できないものがあります。
それはなんだと思いますか。

それは「自分の心」です。

どれだけ調べてみても、自分の心のことは自分にしかわかりません。検索エンジンやＳＮＳは「おすすめ」を教えてくれるかもしれないけれど、示された選択肢の中からどれかを選ぶのも、何も選ばないのも、最終的にはみなさんが決めることで、僕がみなさんに教えてあげることはできません。

でも、心配しないでください。みなさんの選択は、いつだって「正解」なんです。
僕の子どもが受験をするときも、学生さんに就職活動の相談をされときも、いつもこう言ってきました。

「どこを選んでも、どこに選ばれても、入った学校や会社が正解だから、自信を持って前を向いて進もう。その中で、どうやったらさらに楽しくなるかだけを考えよう」

選んだものを正解にしていこうというよりも、「そもそも正解しかない」って感じです。

子どものころから何度となくテストを受けたり競争させられたりしてきた僕らは、「正解」というと「唯一絶対の答え」とか「一番良い答え」というものをイメージしがちですが、そういうものを決めるには、何かと比較する必要があるんですよね。

でもみなさんの人生は一度きりで、タイムマシンもありません。それが唯一だったか、一番良かったかなんて、比較してみることはできない。**実は、正解も不正解もなく、ここにこうしている今の自分がいるだけなのです。**

今の自分は、過去の自分の選択の積み重ねの結果創られたものです。そして、未来の自分を創るのは今の自分です。今の自分を否定してしまったら、過去の自分も否定することになります。そうなると、変えられない過去を引きずりながら、未来をどう踏み出していいかわからなくなるでしょう。

過去の事実は変えられません。でも過去の解釈は変えられます。失敗したことが悪かったと思うのか、良かったと思うのか。「あれがなかったらもっと良かった」と思うのか、「あれがあったから今がある」と思うのか。

解釈を変えることで、過去を受け入れ、その結果である今の自分も受け入れやすくなるんじゃないでしょうか。

失敗ばかりで、でもプライドが高く、落ち込みやすく、ちょっと頑固で、時にお茶目な、そしてわりと頑張り屋さんの自分。そんな自分をしっかりと認めて、受け入れて、好きになってあげましょう。そんな自分と一緒に、これからの未来を創っていくのです。

何度も言いますが、僕はみなさんに、正解を教えてあげることはできません。僕だけでなく、親も先生も上司も、みなさんにとっての正解はわからないんです。それはみなさんの選択によってのみ導かれるものだからです。

そして、みなさんには「喜怒哀楽」を大切にして生きてほしいと思います。まずはそれだけです。

「喜び」は、目的となり、
「怒り」は、活力となり、
「哀しみ」は、懐を深くし、
「楽しみ」は、人生となる。

「喜び、楽しむ」だけでなく、「怒り、哀しむ」こともまた、人生を「おもむきある」ものにしてくれます。それを日々認識し、表現し、受け入れていく。そうやって人生を楽しんでいってほしいと思います。

自分の心を見失わないために、自分の得意なことや好きなこと、苦手なことや嫌いなことを知っておくことや、ちょっとしたことでも喜怒哀楽する自分に気づき、受け入れ、好きになることが大事です。

あとは好きなことをすればいい。好きなことこそが力の源になり、人の共感を生みます。それが仕事になり得るのが今の時代で、好きなことから生まれる仕事が増えることで、新しい世界が創られていくでしょう。

僕たち大人の役割は、若いみなさんが新しい世界を創っていくことを全力でサポートすることです。この本も、そのサポートのひとつになることを願っています。

最後に、これを本として出す機会をつくってくれた大和書房の長谷川さんと、僕の言いたいことをとてもわかりやすく表現してくれたやつづかさんに感謝します。

山田理

山田 理（やまだ・おさむ）

サイボウズ株式会社取締役副社長 兼 サイボウズUS社長。

1992年日本興業銀行入行。2000年にサイボウズへ転職し、取締役として財務、人事

および法務部門を担当。初期から同社の人事制度・教育研修制度の構築を手がける。

2007年取締役副社長 兼 事業支援本部長に就任。2014年グローバルへの事業拡大を企図し

US事業本部を新設、本部長兼サイボウズUS社長に就任。

同時にシリコンバレーに赴任し、現在に至る。

著書に『最軽量のマネジメント』（ライツ社）がある。

カイシャインの心《こころ》得《え》

幸《しあわ》せに働《はたら》くために更《こう》新《しん》したい大《たい》切《せつ》なこと

2020年6月20日　第1刷発行

著　者　　山《やま》田《だ》 理《おさむ》

発行者　　佐藤 靖

発行所　　大《だい》和《わ》書房

東京都文京区関口1-33-4

電話 03-3203-4511

ブックデザイン　　杉山健太郎

編集協力　　やつづかえり

本文印刷所　　信毎書籍印刷

カバー印刷　　歩プロセス

製本所　　小泉製本

ISBN978-4-479-79721-0

http://www.daiwashobo.co.jp/